读客文化

| 中英双语版 |

万物简介
声音是什么

[英] 迈克·戈德史密斯　著

刘韵雯　译

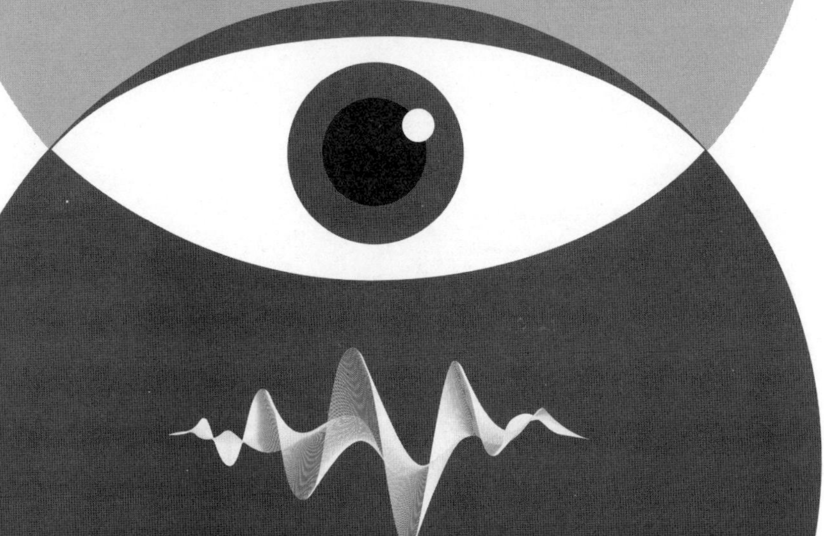

SOUND:
A VERY SHORT INTRODUCTION

浙江科学技术出版社

著作合同登记号 图字：11-2022-037

图书在版编目（CIP）数据

万物简介. 声音是什么 : 汉文、英文 / (英) 迈克 · 戈德史密斯 (Mike Goldsmith) 著 ; 刘韵雯译. -- 杭州 : 浙江科学技术出版社, 2022.11

书名原文: Sound: A Very Short Introduction
ISBN 978-7-5739-0230-6

Ⅰ. ①万… Ⅱ. ①迈… ②刘… Ⅲ. ①科学知识—普及读物—汉、英②声—普及读物—汉、英 Ⅳ. ①Z228 ②O42-49

中国版本图书馆CIP数据核字(2022)第152655号

书　名	万物简介：声音是什么
著　者	［英］迈克 · 戈德史密斯
译　者	刘韵雯

出　版	浙江科学技术出版社	网　址	www.zkpress.com
地　址	杭州市体育场路347号	联系电话	0571-85176593
邮政编码	310006	印　刷	三河市龙大印装有限公司
发　行	读客文化股份有限公司		

开　本	880mm × 1230mm 1/32	印　张	11
字　数	176 000		
版　次	2022年11月第1版	印　次	2022年11月第1次印刷
书　号	ISBN 978-7-5739-0230-6	定　价	59.90元

责任编辑	卢晓梅	责任校对	张　宁
责任美编	金　晖	责任印务	叶文炀

致谢

理查德・巴汉姆
格雷厄姆・卡特
马克・霍德奈特
斯蒂芬・罗宾逊
希拉里・惠特尔

声谱表

声音	**频率 / 赫兹**
低频火山活动的声音	0.01
通过空气传导的海浪次声	0.2
大象听力范围的下限	16
人类能听到的最低频声音	20
钢琴最低音键发出的声音	27.5
有记录的最低人声	41
中央 C	261.626
钢琴的小字一组 A	440
巴赫管风琴的小字一组 A	480
有记录的最高人声	1865
乌鸫叫声的第一段	2500
钢琴最高音键发出的声音	4 186.01
人类能听到的最高频声音（80 岁）	8000
人类能听到的最高频声音（10 岁）	20 000
牙科超声清洁	25 000
一般的超声焊接	30 000
汽车的超声驻车传感器	40 000
狗的听力上限	60 000
普通蝙蝠发出的超声波	80 000
蝙蝠的听力上限	110 000
白鲸的听力上限	123 000
普通胎儿扫描	15 000 000
声学显微镜	8 000 000 000

目录

01

声音的历史

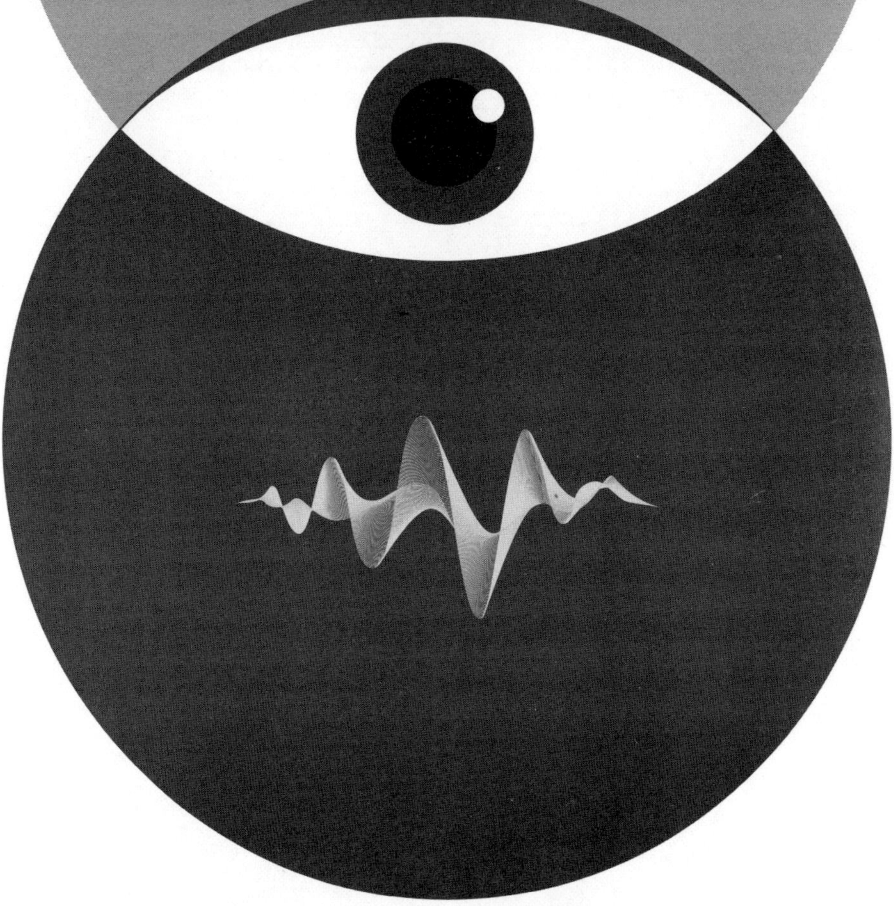

137 亿年前的声音

英文页码 1

声音的起源可以追溯到很久以前，在宇宙大爆炸发生之后不久。很遗憾，宇宙大爆炸本身是寂静无声的。事实上，声波在传播媒介出现之时就形成了，那是在宇宙诞生 30 万年后，但直到 130 亿年后能够倾听到它的人类才出现。

原始声音的频率非常低，却蕴含着巨大的能量。新生宇宙的等离子体在太空中以不规则的方式开始排列，在此过程中，声音形成了。最终，在密度较大的区域诞生了星系，其中包括我们赖以生存的地球的前身，还有太阳。

从几十亿年前到地球诞生的最初数天（大约 46 亿年前），有大量的声音穿过这颗固体行星的外壳和它的地下液态区，在它的大气层中反弹、转弯。最终，炎热的土地逐渐冷却，降雨汇聚成海洋，而海洋中充满了声音。最早的生物进化环境中有多种多样的声音，这些声音深刻地影响了原始生物的形态、习性和命运。

500 万年前的听觉

2 对人类来说，听觉和触觉有明显的区别，但对海洋生物来说却并非如此。就像振动可以穿过我们的身体一样，声音能轻松地通过海洋生物的身体。鱼类依靠名为神经丘的结构感知声音，这种结构分布在它们的身体表面，除此以外，鱼类还有其他几个负责听觉的结构。神经丘含有与人耳里的毛细胞类似的细胞，鱼类依靠神经丘感知声音的强度和方向。神经丘这种结构大约在 5 亿年前就已经演化形成。

为了探测经由空气传导的声音，鼓膜和耳蜗必不可少。因此，在大约 4 亿年前，当两栖动物在陆地上定居后，鼓膜和耳蜗就开始演化了。交流可能是听觉进化的主要推动力，因为声音具有远远超过视觉信号的优势。尽管一些海洋生物拥有发光和改变颜色的能力，但灯光表演远比制造噪声更具挑战性，传播范围也更小。制造噪声很容易，就像呼吸一样简单。对人类来说，呼吸发出的声音（由我们的大脑精确控制）赋予了我们说话的能力。

4 万年前的音乐

对音乐的喜好是人类一种神秘且古老的乐趣。4 万多年前，尼安德特人可能就已经制造了笛子。在智人时期，一个没有石锣的洞穴，设施再齐全也不能算作完整的洞穴。人类的第一次歌唱甚至可能出现在语言之前。但这是为什么呢？能享受音乐并不是什么明显的演化优势。达尔文对此也感到困惑，但他提出，对音乐的品味可能是基于求偶仪式中的声音而产生的，至今也有许多人赞同这一观点。然而，还有一些人更喜欢进化心理学家史蒂芬·平克（Steven Pinker）的提议。他认为音乐是一种听觉的“芝士蛋糕”，我们享受它不是因为这种偏好能够[3]帮助我们的祖先生存下来，而是因为许多由“芝士蛋糕”激发的情感本身具有演化的价值。简单来说，水果的芳香显示它已经成熟，而香醇的风味表明其中有富含能量的脂肪。人类喜欢音乐或许是因为音乐让我们想起了鸟鸣，鸟类的存在表明附近没有大型肉食动物。

2500 年前的和声

如今，声音在我们的生活中扮演着各种各样的角色。我们的许多发明都致力于创造、传输、存储、修改或复制声音。但人类征服声音的想法不是最近才开始的。我们所知道的一些最古老的人工制品就是乐器，而且声学是最早的科学研究领域之一。公元前 500 年左右，毕达哥拉斯（Pythagoras）发现，当两根弦中一根的长度为另一根的一半时，拨动这两根不同长度的弦发出的声音可以和谐地融合在一起，这样的两个音之间的“距离”就是一个八度。根据定义和人们的共识，八度音程是所有音程中最和谐的。如果两根弦的长度比是其他简单的数字比例，那么其所产生的双音听起来几乎也是同样和谐的。例如，如果一根弦是另一根弦的 1.5 倍长，就会产生一个五度音程。

相传，在铁匠铺里，毕达哥拉斯听到铁匠们敲打铁锤时发出的和谐声音，从而发现了这一现象。作为当时一名刚崭露头角的科学家，他称量了铁匠们所用锤子的重量，发现那些发出悦耳声音的锤子的重量之间是简单的倍数关系。事实上，锤子所发出的声音的频率并不是由其重量决定的，但这个故事却能流传至今，着实令人惊讶。不过，无论是什么真正激起了他的兴趣，毕达哥拉斯用来研究和声的乐器其实是单弦乐器，即一种由一个可移动的琴马来控制单根弦长的乐器。

对毕达哥拉斯来说，声音的愉悦感是通过整数比来定义的，这一事实表明，数字是宇宙的关键[1]。所以 4
他或许的确说过“万物皆数”[2]。今天的科学家会同意这一观点。而且，就毕达哥拉斯对科学方法、数学、音乐制作和声学的影响而言，他的发现可能是所有科学突破中最伟大的突破之一。

虽然任何制作或演奏弦乐器的人都知道弦的张力与长度一样能够影响弦发出的声音（这就是为什么要用卷弦器来为弦乐器调音），但这一现象直到 16 世纪才被科学家伽利略·伽利雷（Galileo Galilei）的父亲文森佐·伽利雷（Vincenzo Galilei）量化，他发现音高随着琴弦张力的平方根的增加而增加，现在我们知道它还取决于弦的直径和密度。

希腊人对声音的实用性很感兴趣，因为他们热衷于让别人听到自己的声音：戏剧、演说、辩论、歌曲、颂歌和宣言比比皆是。他们最伟大的符合声学结

---

1 意指宇宙万物都遵循数字规则和比例。

2 此处原文为 All is number，出自毕达哥拉斯的名言。

构的建筑或许是建于公元前 4 世纪的埃皮达鲁斯剧院。该剧院的舞台中心到最后一排的距离约为 60 米，座位足足有 55 排之多，但在 1400 个座位中的任何一个地方都能清晰地听到演员的声音。剧院的声学秘密就藏在座椅中。这些座椅由石灰石制成，波纹状的表面以及座椅之间的空间都有助于吸收频率低于 500 赫兹的声音，并反射频率更高的声音，从而降低观众窃窃私语的杂音音量，使演出效果更好。

美中不足的是，埃皮达鲁斯剧院是露天的。由于没有天花板，声音无法完全容纳于室内，所以演讲者必须非常大声，这不仅令演讲者声嘶力竭，也会剥夺声音的微妙变化。尽管传说中希腊人拥有扩音器，但这只是传说。直到 17 世纪 70 年代，扩音器才由德国的亚森纳希思·柯歇尔（Athanasius Kircher）和英国的萨缪尔·莫兰（Samuel Morland）发明出来。此外，由于剧院是露天的，外面传来的噪声也很容易对剧院内部产生干扰，不过埃皮达鲁斯剧院在演出时应该还是安静的，因为只要有演出，大多数当地居民都会坐在剧院里了。

5 室内公共空间解决了上述这些问题，但又产生了新的问题，即回声和混响。要使回声成为回声，必须要使声音两次被听到之间的时间差在 1/20 秒以上。

如果在那之前被听到，耳朵只会把两个声音当作一个更大的声音来处理。听觉中的 1/20 秒相当于视觉中的 1/5 秒，在视觉中，我们的眼睛需要间隔 1/5 秒以上才能将一个变化的东西看作两个独立的图像（因此，当相机帧的移动速度超过视觉识别独立图像的速度时，我们就会觉得画面动起来了，这是人类的“视觉暂留现象”，即当一系列静态影像快速切换时，我们就可以看到流畅画面）。

由于空气中的声音在 1/20 秒内的传播距离约为 10 米，任何比这个距离大的房间（在任何维度上）都是可能产生回声的回音室。幸运的是，回声可以通过包有柔软织物的物体（比如观众）来减少。

当然，声音不光有科学属性和娱乐属性。即使是没有语意的声音也承载着意义，而且其中大部分意义是在史前时期就被赋予的，例如：令人感到孤独的风啸、令人震惊的痛苦尖叫、鸟儿欢快的歌声、孩子们快乐的笑声，等等。在上述这些以及其他许多情况中，演化在声音和情感之间建立了牢不可破的联系。这些情感上的依恋自古以来就被人类所利用，例如，战争中的呐喊长期以来一直存在，它既是为了让敌人不寒而栗，也是为了振奋士气和唤起战友的勇气。

现代社会：声音科学及延伸

在古希腊人对声音进行简单探索之后，直到 17 世纪人们才开始对声音的本质进行研究。当时，罗伯特·胡克（Robert Hooke）通过简单的论证证明了频率和音高之间是相互关联的。虽然艾萨克·牛顿（Isaac Newton）提出了一种声速方程，但这个方程是不正
6 确的，直到 1816 年皮埃尔·西蒙·拉普拉斯（Pierre Simon Laplace）才推导出一个准确的版本。拉普拉斯证明声速只取决于它所经过的介质的密度和弹性（见框 1），该公式的估算准确度相当高。

框1

紧绷的弦的振动频率为 $f=\frac{1}{2l}\sqrt{\frac{T}{\mu}}$。其中，$l$ 是弦长，T 是张力，μ 是密度。

声速 $v=\frac{\sqrt{K}}{\rho}$。其中，K 为弹性系数，ρ 为密度。

19 世纪中叶，第一个电声设备的发明引发了人类理解和控制声音的革命。麦克风、电话和扬声器相继出现，极大地推动了研究、商业和艺术的发展。

1903 年发明的二极管（第一个整流器，最初用于探测无线电信号）和 1906 年发明的三极管（第一个放大器）拉开了 20 世纪电子工程学的序幕。两次世界大战极大地促进了电子学的蓬勃发展，人类对潜艇战和舰船探测的兴趣也引发了水下声学的研究。

虽然在 19 世纪，人们偶尔会讨论存在频率太高而人类无法听到的声音，但相关研究只局限于人类所能听到的最高频率的上限。尽管这些高频声音很容易由火花、哨声、喷气机或压电晶体发出，但直到第一次世界大战，当人们意识到它们可以作为声呐系统的一部分投入使用时，才对它们产生了兴趣。战争结束后不久，就有进一步的研究表明，这种声音具有一系列独特的性质，但并非所有的特性都能解释清楚，例 7
如：它们能杀死生物，引起化学变化，产生光和热，并能使木头爆炸发出阵阵火花。它们之所以被称为超声，部分原因可能是它们拥有奇特的力量。虽然远没有 X 射线、α 射线和 γ 射线那么有名，但超声很快就获得了类似的声誉——借助科学工具从自然界中获得的神秘力量，并且仍然保持着近乎超自然的神秘魅力。

直到 20 世纪中叶，人们才真正理解并学会利用超声波的力量。当时，电声放大技术实实在在地改变了世界。以前，受演讲者声音音量和演讲场地大小的限制，演讲者最多只能面对几千名观众。而现在，他们可以和成千上万公里之外的人交流——无论是即时，还是在一天或一个世纪之后。声音能够以一种前所未有的方式被捕捉、记录和分析。

声音在许多全新领域都开始崭露头角，例如一门定义不清的学科——声音艺术。它起源于20世纪初至30年代的未来主义运动，得益于电子音乐和录音技术的发展。路易吉·鲁索洛（Luigi Russolo）的《未来大协奏曲》（*Gran Concerto Futuristico*，1917）是早期的一个重要例子。最近的一个例子是苏珊·菲利普斯（Susan Philipsz）的《低地》（*Lowlands*），这是一首挽歌的一系列变奏曲，并在2010年赢得了特纳奖。一个相关的领域是环境音乐，通常被批评者称为**助兴音乐**（muzak）[1]，它的设计初衷是为公共场合提供合适的背景音乐。布莱恩·伊诺（Brian Eno）的专辑《环境1：机场音乐》（*Ambient 1: Music for Airports*，1978）就是一个很好的例子，而超市里没完没了的甜腻圣诞颂歌以及伴随着这些音乐被迫装扮成精灵的阴郁员工则是一个坏例子。

1 muzak又译为穆扎克音乐，即安静柔和的背景音乐。

环境音乐是人造声景的一个实例。这个概念是由
穆瑞·谢弗（Murray Schafer）推广开来的。穆瑞·谢
弗曾在20世纪60年代末于温哥华启动了名为“世界 8
声景计划”的国际研究项目，这一计划在1993年促
成了世界声学生态论坛的设立。谢弗具有很大的影响
力，其中一部分原因在于他令人振奋的主张，即声学
环境不仅可以揭示居住在其中的人的社会状况，甚至
可以预测社会将如何演变。

运用谢弗的方法，经济学家、博学多才的雅克·阿塔利（Jacques Attali）提出，音乐风俗的变化预示着社会将发生更广泛的变化。这种观点由历史学家阿兰·科尔宾（Alain Corbin）进一步发展，科尔宾认为，18世纪和19世纪法国乡村的钟声塑造了当地的社会和经济关系。艺术家兼作家布兰登·拉贝尔（Brandon Labelle）说：“我的感觉是，仅仅从一种声音里就可以窥见整个历史和文化。”

更普遍的是，声景这一概念在一系列学科中风行起来，虽然谢弗原本提出的术语的定义已被扩展，并在涉及相对和动态特性的声学环境中得到广泛使用。技术历史学家艾米丽·汤普森（Emily Thompson）指出，声学环境“既是物理环境，同时也是我们感知环境的一种方式”。

在电影中，人造声景的构建在一定程度上是通过音效来实现的。自广播剧诞生以来，人造声景一直是广播剧的支柱。例如，在古希腊时期人们就能在剧院里听到人造的打雷声。在电影中，设计、制作和使声音效果与屏幕上的事件同步的工艺被称为拟音（Foley）[1]。

现在我们已经不再仅仅依赖耳朵来感知声音，也不只依赖人声和机械设备来产生声音。我们可以研究和使用超低频、超高频或非常弱的声音，人们甚至都无法听到它们。我们还可以生成具有巨大能量的声束，并应用在医学、国防、地图测绘及许多其他领域。第二次世界大战以来，人们研究出了生产和引导
9 超高强度的声束的方法，使基于声音的武器开始真正发展起来。当前仍在使用中的最著名的例子是远程声学设备（LRAD）[2]，它可以发出语言指令或令人不快的声音。在一些国家，它一直被用来对付敌人和野生动物。

随着人类社会的进步，声音得到越来越广泛的应用，噪声污染也蔓延到了世界上的许多地方。高度敏

1 以音效艺术家杰克·弗利（Jack Foley）命名，一种将生活中的声音加入电影中的后期处理技术。

2 一种声波武器，可以驱散大规模集结的人群。

感的听觉系统曾经为我们的祖先带来了无数便利，使我们能够享受音乐和便捷交流，但现在它也给我们带来了烦恼、压力和伤害。

因此，虽然我们已经精通声音的产生，但还远远不能控制它。为了能够控制声音，我们需要了解它的本质。

02

声音的本质

声音的两面

森林里有一棵树倒了，但倒地声没有被人听见，10
这算是发出了声音吗？“声音”既是一种物理现象，又是一种感觉，这种双重意义给了刚刚的问题一个明确的答案——树倒的时候发出了声音、也没发出声音。声音的物理和感官方面的关系是复杂的，因为声音给我们留下的许多印象与它的物理参数有关，但又不能仅仅简化为物理参数。比如，高频音通常听起来音调更高，更大的声音听起来也更响亮。此外，从警报声到风笛声，从摇篮曲到狮子的吼叫声，许多声音对我们产生了情感上的影响，而这些影响与它们物理参数之间的关系却非常模糊。

声音在物理方面远比在情感方面更容易被人理解，所以我们将从物理方面开始讲起。

压力波

声音通常是由物体的循环运动发出的，比如：扬
声器的膜片不断地跳动，声带之间的间隙时而缩小时
而扩大，或者吉他弦来回振动。正是这些运动向周围
11 介质（固体、液体或气体）的传播及其在介质中的传
播过程构成了声音。在某些情况下，运动的物体就是
介质本身，比如有人在瓶口上方吹气时瓶颈里的空气
就是如此。非运动源包括突然释放的热能（如爆炸或
火花）和快速振荡的热源。

当扬声器的膜片运动时，膜片产生的声波具有和电信号相同的变化规律。每当膜片向外移动时，它同步挤压前面的空气分子，使它们彼此靠近，从而形成一个高压区。这些分子接着对邻近的分子施加压力，使它们也依次靠得更近，因此一个由紧密结合的分子形成的脉冲（压缩波）穿过介质，接着，又因为膜片向内运动而产生一个低压区（稀疏波）。

然后膜片再次向外移动，产生第二个脉冲。膜片在1秒钟里内外移动的次数决定了声波的频率（单位是赫兹，缩写为Hz）。最简单的声波就是纯音，例如音叉发出的声音。空气压力随着与音叉距离的变化而变化，其波形是一个正弦波，波的瞬时形状如图1所示。

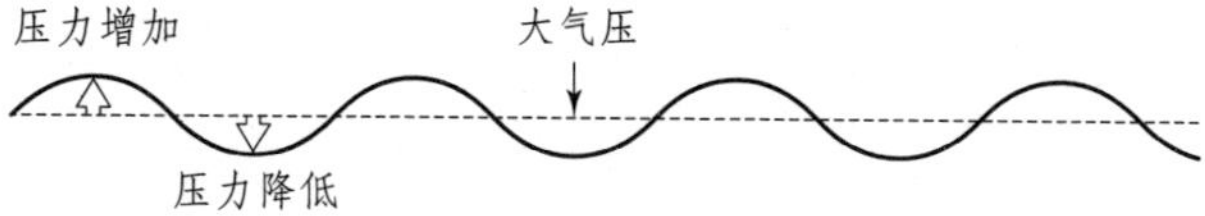

图 1　声波压力示意图

相邻的两个波峰（或波谷）之间的距离定义为声
波波长（λ）。声音以速度 v 在空气中传播，在室温
下速度约为每秒 340 米。频率（f）由方程 $f = v/\lambda$ 得
到。空间中某一质点的压力随时间变化的曲线图也是 12
一个正弦波，所以我们其实也可以将图 1 的横轴标记
为“时间”。

类似图 1 这样的图像十分常见，而且通过这样的图像我们很容易想象出声波的某种可视图，许多书就是以这种图像来表示声音的。然而，实际上，声波不像海浪那样有上下（横向）运动，唯一的运动是分子交替地从声源向外或向声源运动，就像牛顿摆[1]里的球一样。这种波被称为纵波，如果我们能看到空气分子的话，它们看起来就如图 2 所示的样子。

1 牛顿摆（Newton's Cradle）是一种由 5 个紧贴的同样质量和大小的金属小球构成的玩具，当拉起一端的小球使其摆动撞击其他 4 个时，另一端的小球将会继续摆动，而中间的 3 个小球保持不动。

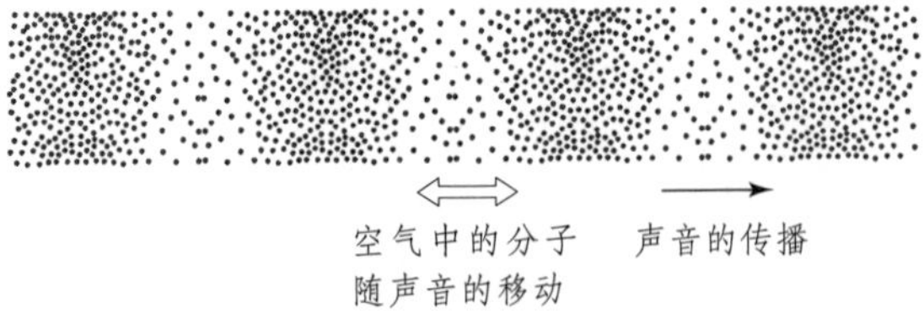

图 2　从分子角度看声波

如果连续的声音起源于一个点，那么它就会像膨胀的球体一样向四面八方传播。如果探测区域很小（如麦克风隔膜或鼓膜），距离声源只有几米远，那么声球的曲率可以忽略不计，此时声音以平面波的形式传播。即使声源有一个特定的方向（就像大多数扬声器一样），只要膜片厚度大于声音的波长，声音仍然会以球状形式传播。而波长短的声音在一定程度上保持其原始方向，在足够高的频率下它就可以形成声波束（我们将会在第 6 章谈到）。

声音的载体

声速只取决于介质的弹性和密度（见第 1 章）。
13 在空气中，声速随湿度和温度的增加而增大[1]，但这仅

1 原文为 decrease with increasing temperature，疑有误。

仅是由于这些因素引起了空气密度的变化。表 1 给出了声音在一些介质中的传播速度。

表1　不同介质和条件下的声速

介质	声速 / 米 · 秒$^{-1}$	与 20℃相对湿度 80% 的空气中声速之比
0℃的氢气	1286	3.73
0℃相对湿度 0% 的空气	331.45	0.962
0℃相对湿度 80% 的空气	331.70	0.963
20℃相对湿度 80% 的空气	344.37	1
25℃的水	1493	4.33
25℃的海水	1533	4.45
钻石	12 000	34.85
花岗岩	5950	17.28
铁	5130	14.90
硫化胶管	55	0.16

由于空气中的声速随着温度的升高而增加，而在白天，海拔较高处的空气比近地面处的空气温度高，所以高处声音传播的速度也更快一些。这种速度的增加使声音在较热的空气中向下弯曲（折射），并在一定距离内返回地面，如图 3 所示。由于折射效应，有时声音在很远的地方比在近的地方听得更清楚。

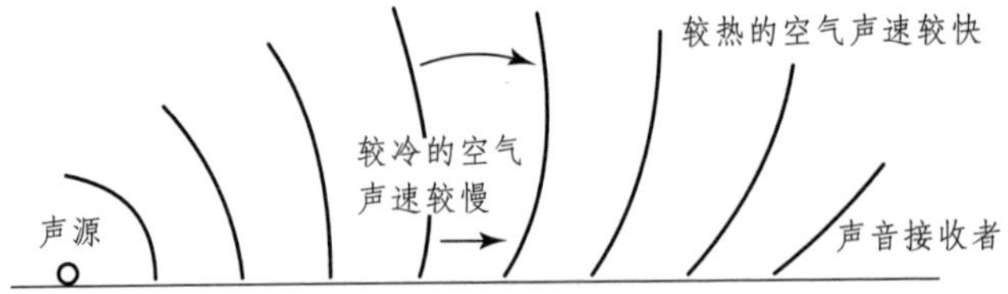

图 3　当离地面较近的空气比较高的空气温度低时声音的传播

折射也解释了为什么在迎风情况下人们很难听见声音。在迎风情况下，风会使声波的传播速度稍微变慢一些，越往高处风速越快，声波速度降低得就更多一些，所以离地几米高处的声波的传播速度相对来说要更慢一些。声音从低速区域折射到高速区域，因此声波将远离地面和人的耳朵，朝上方传播（见图 4）。

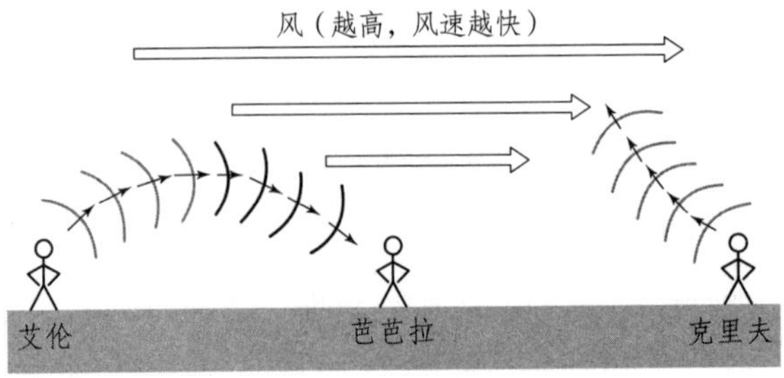

图 4　芭芭拉可以听到艾伦的声音，但听不到克里夫的声音

无论怎么操作膜片，我们都无法使声音在膜片周 14
围的空气中传播得更快。振动越快，产生的压力脉冲就越接近，它们到达某处（比如说鼓膜）时的频率就越高。也就是说，声音的频率会上升。如果一个人试图通过加大膜片向内和向外移动的距离来更用力地推动空气，那么脉冲中的压缩量和稀薄度就会增加，从而导致声压更高，听起来声音也就更大。如果我们强行让膜片的运动速度超过介质中的声速，那么在下一个脉冲形成时，前一个脉冲还没有来得及离开膜片，因此，它们就堆积成一个单一的、被称为冲击波的极高压脉冲，也就是音爆和响鞭声的成因。

快速地移动膜片并不是唯一可以用来增加声音频 15
率的方法。如果扬声器（或其他声源）迅速接近你或你迅速接近它，压力脉冲就会以更高的频率到达你的耳朵，因为每一个脉冲都比它前面的脉冲在离你更近的地方开始向你传播，从而导致声音的频率上升。而当声源从你身边经过后，脉冲就会以更长的间隔到达你的耳朵，因为每一次脉冲的传播距离都比前一次要长，相应地，频率也会因此下降。这就是著名的多普勒效应。当你身边开过一辆超速的摩托车或当你听到跟在摩托车后面呼啸而过的警车的鸣笛时，就会注意到多普勒效应（见框 2）。

框2　多普勒效应

对一个正在靠近观察者的声源，观察者听到的声音频率为$f_{obs}=(\frac{v+u}{v})f$。

其中，v是声速，u为声源靠近的速度，f是声音的频率。对一个正在远去的声源，我们只需要将公式中的“+”变成“−”即可。

与光类似，如果反射表面光滑且坚硬，声音就像光从镜面反射一样能够反射形成一个声源的像。所以如果你位于声源和反射表面正中间的某个地方，你从两侧听到的声音是差不多的（反射的一侧声音会稍小些）。当然，“光滑”是一个相对的概念，它意味着“表面凸起的大小比波长的长度小”。就3千赫兹的声音与黄色光相比，声波波长比光的波长要长100万倍，所以即便是粗糙如混凝土一般的表面也可以成为很好的声波反射镜。凹面声波反射镜能将反射的声音聚焦。例如，在第一次世界大战期间，英国南部海岸建造了这种凹面混凝土声波反射镜，将飞机靠近时的声音聚焦到正在监听的士兵耳朵里。当声音在两个或两个以上的曲面反射器之间回响时，可能会产生一个耳语廊[1]，就像伦敦圣保罗大教堂的长廊一样。

声音能在任何两种介质之间产生界面反射，无论 16
是在空气和混凝土、水和空气，还是地球上不同的岩层之间。反射声音的多少取决于两种介质声阻抗的差值，而声阻抗又取决于介质的密度和声速。声阻抗（见框3）与电阻相似，它测量的是声音在介质中传播的困难程度。它是声音诸多应用的关键。例如，软橡胶表面会吸收声音并将其转化为热量，因为软橡胶具有极高的声阻抗，潜艇上的隐形涂料就是利用了这一原理。但糟糕的是，橡胶的柔软程度与温度有关，所以，在20世纪80年代末，冷战时期的潜艇从北大西洋重新部署到海湾时，由于水温随地域变化而逐渐

框3　声阻抗

介质的特性声阻抗计算公式为：$z_0=\rho_0 v_0$

其中，ρ_0为密度，v_0为声速。声阻抗的单位是瑞利（Rayl），下标“0”代表介质中的这些量都是“不受干扰”的，即介质中没有声音。

---

1 当两个人贴墙站立时，即使一个人只是对着回廊壁窃窃私语，走廊另一端与他遥远相隔的人也可以清楚地听到。

升高，使得潜艇无处遁形，从而引发了一系列相关研究的热潮。

声音可以通过声透镜聚焦。声透镜通常由丙烯酸塑料制成，其工作原理是当波从一种介质传播到另一种介质时，只要它以一定角度入射介质之间的界面，就会发生折射。声波被折射的角度取决于它在两种介质中的速度之比，这就是斯涅尔定律（见框 4）。

框4　斯涅尔定律

$$\sin\theta_1/\sin\theta_2 = v_1/v_2$$

其中，θ 为声音入射方向与界面法线之间的夹角，v 为声速。

声音比光更受关注的一个效应是声音能够在墙角和墙壁上弯曲，并在穿过一个开口后扩散开来，这种现象被称为衍射或散射（见图 5）。

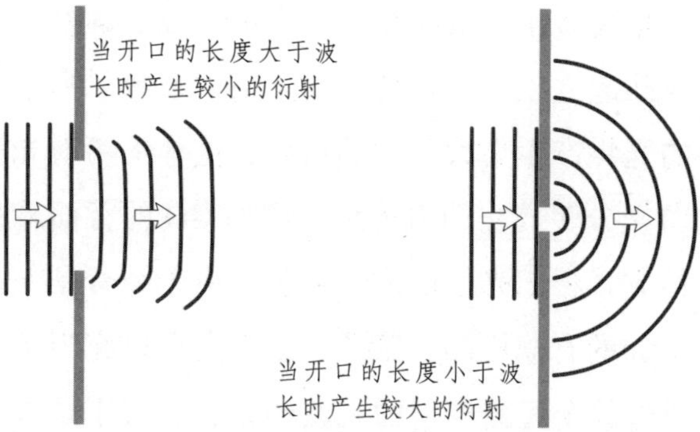

图 5　衍射

波长越长，弯曲程度就越大。所以如果在声源 17
（比如说一个乐队）和听者之间建一堵高墙，低音可以通过衍射效应绕过高墙返回地面，而高音则不能被听到（见图 6）。这种消声效果可以帮助我们评估户外常见声源的距离。

图 6　不同波长产生的衍射

当光线落在一系列间隔约为单个波长的平行线、条纹或凸起之上时，它就会发生衍射现象。由于波长较短的光将产生更大角度的衍射，这样的衍射光栅就会把白光分解成它的组成色，例如 CD 的背面就是通过这种方式将阳光衍射成彩虹色。由于纯音是一系列压力增加的有规则的“条纹”，它也可以充当衍射光栅，通过这个光栅散射的光波的波长约等于条纹之间
18 的距离（该距离是声音波长的一半）。通常这里涉及的介质是晶体固体，如熔融石英。这种声光效应，即利用声波散射光，在水下和空气中都可被用作非摄动测量和成像工具（见图 7）。

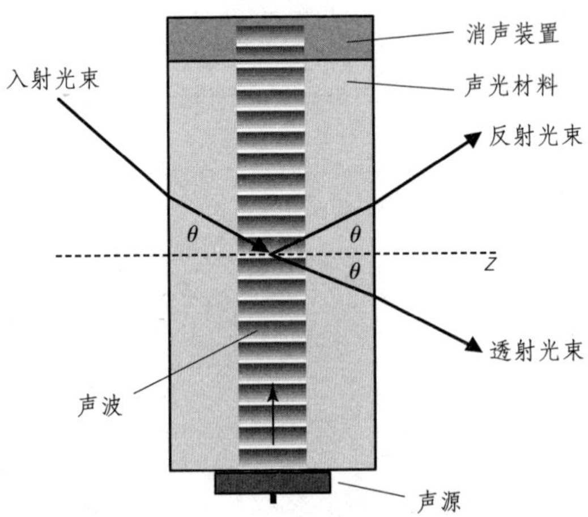

图 7　声光效应

当来自多个声源的声音相遇、混合时，就形成了一个由嘈杂和安静区域组成的三维模式，称为干涉模式。安静的区域形成于一个声源的疏部与另一个声源的密部相遇的地方，这就是相消干涉；当疏部与疏部相遇，或者密部与密部相遇时，就形成了嘈杂的区域，即相长干涉（见图8）。

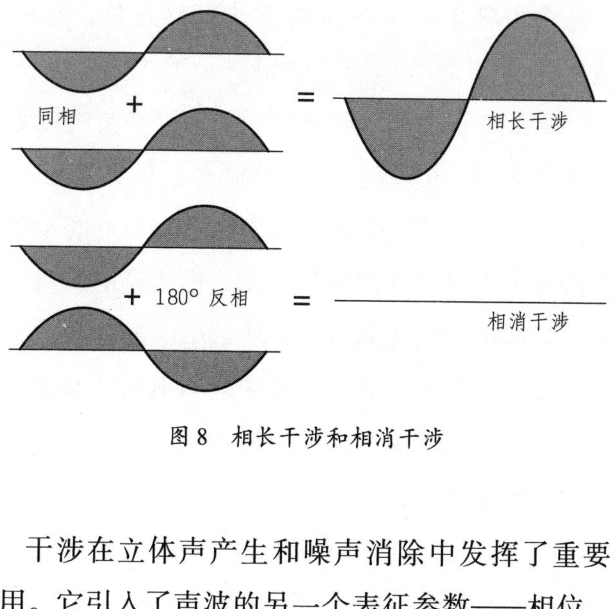

图8 相长干涉和相消干涉

干涉在立体声产生和噪声消除中发挥了重要的作用。它引入了声波的另一个表征参数——相位，即声波在空间和时间的某一特定点上的压力的高低。相位只在声波相互作用时才真正起作用。在上面的例子中，密部相互重合的一对声波（因此形成一个较嘈 19

杂的区域）称为**同相**，而那些不重合的声波则处于**异相**。当波最大限度地偏离相位时，我们说它们处于**反相**。人类的听觉系统是无法识别相位的。

声音的能量

20 定义和测量声音的量的方法有好几种，每种方法适用的领域都不相同。如果测量的内容是听力或音乐，那么声压是最好的选择，因为它是与响度最直接相关的参数（尽管也不是很简单，但请继续读下去）。但是，在讨论声源的效率时，人们可能希望知道每秒有多少能量从声源中流出，即声音的能量。要描述特定声场对物体的影响，我们感兴趣的参数是声强，即每秒打在该物体 1 平方米面积上的声音能量。音量是一种定义不太严格的度量方法，用于标记音频设备，但旨在模拟响度。

可听频率范围内的声波在通过空气时的吸收损失很少（每 100 米约 0.25 分贝 / 6 音分，但随天气条件变化很大）。声音会随着距离增加而消失的主要原因是它们可以自由地向许多方向扩散，所以它们的能量会随着扩散越来越低，同时占据的体积越来越大。如果声源悬浮在自由空气中，其声音可以向各个方向传播（球面扩散），则声压与接收者到声源的距离成反比。也就是说，如果从声源到测量点的距离加倍，声压就会减半。

声音的强度下降得比这还快，它与距离的平方成反比。因此如果我们假设从声源到测量点的距离加倍，声音的强度就会下降 1/4（$1/2^2$）；如果距离扩大为 10 倍，则强度下降到之前的 1/100（$1/10^2$）。但如果声源在地面上，则声波呈半球面传播（见框 5），声压和强度的下降率变为上述情况的一半。换句话说，当距离加倍时，声音的强度大约下降到原来的一
半。不过也有例外情况，当地面是一个完美的反射器 21
时（一块大理石地板可以近似于完美的反射器），强度的下降会比这更快，这是由于反射介质吸收导致能量损失。声功率只取决于声源，所以在任何距离上都是一样的。

框5　球面传播

$$I = P/4\pi r^2$$

其中，I 是强度，P 是功率，r 是测量点与声源之间的距离。

自然界中基本上不存在纯音，最接近纯音的可能是鸟类的歌声。真实声音的波形看起来各不相同，图9显示了基频相似的不同声音的压力变化。

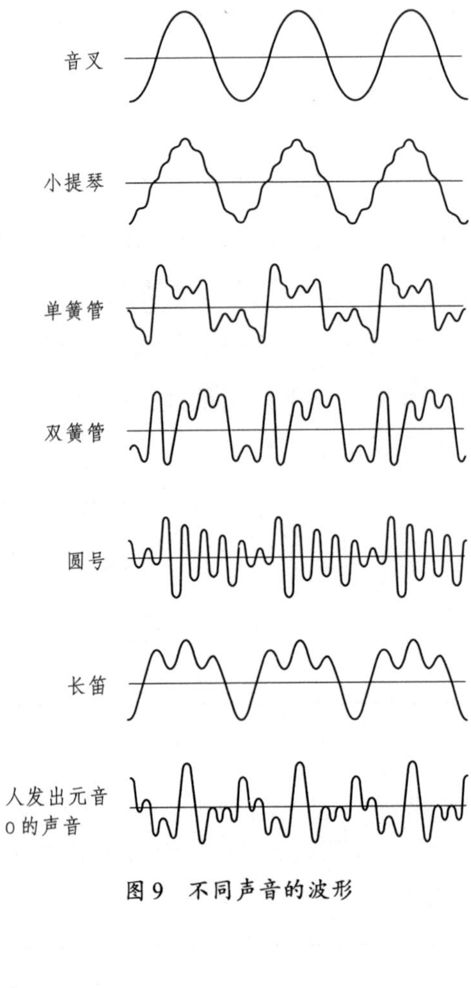

图9　不同声音的波形

困难的分贝

声音是最早被人类理解的一种能量形式。早在公元前300年，我们就已经知道它是可以穿过空气和水的某种形式的物理变量。但很久以后，声音最明显的特征——响度，才在一定程度上被真正量化。但是，直到2000多年后才出现的这种量化，并不能令人满意。

到目前为止，最广泛使用的量化声音的度量是分贝（dB，见框6）。如果两个信号在声压上相差1分贝，那么它们的声压比值约为1.2∶1，这恰巧是我们在理想条件下能听到的最小差异。10分贝的差异相当于声压比为3∶1，100分贝的差异相当于声压比为100 000∶1。

框6　分贝

以分贝计，能量为 P_0 和 P_1 的两个声音之间的强度之差为 $10\log_{10}(P_1/P_0)$。

强度与压力的平方成正比，因此声压为 p_1 和 p_2 的两个声音之间的强度之差为 $10\log_{10}(p_1^2/p_2^2)$，即 $20\log_{10}(p_1/p_2)$。

分贝是 1/10 贝尔，贝尔这个词由传输理论中最常用的三个字母（β，ε 和 l）结合而成，并且也是向亚历山大·格雷厄姆·贝尔（Alexander Graham Bell）[1]致
23 敬。分贝并不是单位，它其实是比值，所以它可以描述一种东西比另一种强大多少。如果你愿意，你可以用它来比较一对加热器的输出，但这并不能告诉你它们实际上到底有多热。

要用分贝来描述一个设备的声音，重要的是要知道你在和什么进行比较。对于空气中的声音，我们将其与某种刚好能被听到的声音（相当于 20 微帕斯卡的压力）进行比较。当声音的大小以这样的参考水平给出时，就会加上“级”字，例如，声压级（Sound Pressure Level，SPL）。

所以，0 分贝的声音是你能听到的最小声音的“1 倍大”（也就是说，和你刚好能听到的声音一样大），1 分贝大约是 12 倍，2 分贝是 26 倍，以此类推。所有的声学家都满意这个解决方案吗？不，他们并不满意。超声波工程师并不在意他们的超声波比“你恰好能听到的声音”大多少倍，反正本来也没有人能听到。他们喜欢的是功率，因此他们测量声

1 这里 Bel 与物理学家贝尔（Bell）的名字谐音且拼写方式相近，故有致敬的含义。

音时使用的单位是瓦特。与此同时，水下声学家理所应当地问道："那么听力的阈值呢？当你的耳朵灌满了水，头上戴着橡胶耳机，这种阈值有什么意义呢？"又或者："如果你是鲸鱼呢？这种阈值又有什么意义？"所以，他们的分贝建立在 1 微帕斯卡的参考压力上，因为这很好记，也很容易测量。于是现在我们有两种"分贝"，一种用于水中，另一种用于空气中，这两种分贝对于相同的声音会给出不同的值。只要每个人都记得他们所使用的分贝的参考水平是多少 24
就不是什么大问题，然而糟糕的是人们并不记得。

还有一个问题。很少有人关心一个物体究竟产生了多少声音，我们想知道的只是它的声音听起来有多大。声音听起来有多大取决于物体离我们有多远，这似乎是显而易见的，但这意味着我们不能说汽车喇叭的声压级是 90 分贝，只能说它在一定距离上是这个值。即使是那些在教科书中非常流行的简易分贝图表也会出现这种错误，例如声称风钻的声压级为 100 分贝，而实际上是"如果在 10 米的距离（或其他距离）处测量，声压级为 100 分贝"。不难看出这种"偷懒"的表述到处都是，比如"安静的办公室"，我们知道它指的是你工作时安静的办公室，而不是走廊尽头或其他城镇的安静办公室。

还有第三个问题，即一个声源可能以任意一个、几个或多个频率产生声波。让我们暂且假设一下，声音的来源是一个扬声器，它的效率非常高，能把输入的所有电能都转换成声音。而且我们假设它有一个频率控制器，但没有音量旋钮。如果我们测量每秒从扬声器中流出的总声能（功率），同时改变频率，那么功率当然会保持不变。同样地，扬声器的声压级在一定距离上会保持不变，这点用一个麦克风就可以证明（假设它在所有频率上都具有相同的灵敏度）。

然而，这和你的耳朵告诉你的完全不同。如果扬声器在 20 赫兹时刚好可以听到，它的音量会随着频率的增加而提高，直到大约 4 千赫时，它的音量会（非常粗略地）提高 200 倍。随着频率的不断升高，耳朵听到的声音反而会逐渐变小，最终消失不见。耳朵听不到声音的频率区间为 8～20 千赫，到底在哪个频率听不到，取决于你的年龄，以及你在过去几十年里有没有好好保护你的耳朵。

25 在实践中，声学家对麦克风所组成的电路的响应进行加权，从而使系统表现得像耳朵一样，也就是对 4 千赫左右的频率最敏感。频率加权麦克风是**声级计**（Sound Level Meter，SLM）的核心。实际应用中有很多不同的权重可供选择，甚至可以选择适合狗的权重。目前最受欢迎的是A权重，它近似人耳在中等音量下的反应。因此，对人类重要的分贝通常是A权重的，记为dBA，其全称是“A级加权声压级（以分贝记）”。

声级计会受声音时长的影响。这很重要，如果一个声音持续的时间短于0.1秒，它听起来就会更安静，因为人的听觉系统会将声音持续时间之内的能量积累起来去感受。

更复杂的是，音量的大小也取决于其来源的性质。例如，人们非常不喜欢飞机的声音，通常他们觉得飞机的声音就和实际上要大5分贝的无特征声音一样令人讨厌。相比较而言，人们更喜欢火车的噪声，他们甚至觉得火车声音的烦人程度和实际上低5分贝的无特征声音一样。这些普遍共识，使人们在涉及飞机或铁路噪声的规划应用时将其数字调整了5分贝，这种调整被称为“飞机惩罚”和“铁路奖励”。这意味着，没有任何仪表可以真正测量建筑师、房主、噪声活动家、嘈杂的机器购买者和声学家等真正需要知道的东西——音量有多大。

考虑到所有这一切，用高精度声级计测量声压级几乎没有意义。大多数声级计测量10千赫声音的精度为 ±1.4分贝（称为2类仪表）。即使在实验室工作

中，测量精度为 ±1.1 分贝基本上是足够的（由 1 类
26 声级计提供）。比准确度更重要的是遵守标准测量程序，包括通过与标准测量麦克风的比较来频繁地校准声级计。

尽管响度具有复杂性，而且会根据声源和用户的不同而产生变化，但科学家通过精心选择声音，然后对大量被测者的反应进行调查，大致确定了响度与声压级之间的关系，并在此基础上定义了单位，也就是方（Phon）。方被定义为与 1 千赫单音的声压级具有相同的值，因此声压级为 10 分贝的 1 千赫音调的响度级别为 10 方。但是一个和 10 方相同响度的 50 赫兹声音，其声压级是 73 分贝，因为我们的耳朵对 50 赫兹的敏感程度远低于 1 千赫的声音，一个 50 赫兹的声音需要比一个 1 千赫的声音高 63 分贝才能听起来同样响。

响度只是众多心理声学测量的指标之一，也被称为声音质量参数（此处“质量”指的是“性质”而不是“好坏”）。响度是目前最常用和发展最好的指标，其他的指标还包括锐度（单位是 acums）、粗糙度（单位是 aspers）、起伏度（单位是 vacils）和柴油度（diesel）（柴油度没有单位，不同的汽车只是根据人们认为它们的声音有多“柴油”而进行主观排序

的）。从最后一个名字能看出，这些指标主要是由汽车行业开发的，其目的是使门的咣当声、发动机的声音，甚至指示器的声音听起来更有力、男性化、可靠等。其实如果电子产品和噪声源都能用这些参数来描述的话，对用户是非常有用的。

声音质量这个话题是心理声学学科的一部分，即研究声音的心理效应，它本身可以被认为是现在所说的声音研究的一个组成部分。声音研究涉及各种声音在历史和不同文化中是如何产生和消耗的。关于这类主题的研究工作自 20 世纪 40 年代以来一直在进行，而自 20 世纪 90 年代初开始，这类研究急速增加。

驻波

在声学史上，实现声音的可视化是人们不断尝 27
试的目标。在 18 世纪 80 年代，恩斯特·克拉德尼（Ernest Chladni）研究了金属板被小提琴的琴弓划过发声时振动的方式。撒在板上的细粉会偏离振动强烈的区域，并聚集在静止的区域。因强烈振动而没有粉末的区域对应于波腹（如第 21 页图 1 中的波峰或波谷），而静止且有粉末的区域是节点，即没有压力变化的点（图 1 中的曲线与轴线相交的地方）。

克拉德尼之所以能够以这种方式“看到”声波，仅仅是因为声波没有在空间中前进。它们是静止的，或者是“停驻的”声波，即驻波。对于驻波，图 1 只表示波的压力随位置的变化，而不是特定点的压力随时间的变化方式（驻波中任何一点基于时间的压力示意图都是一条水平线）。

这种原理在下面的例子中会展示地更清楚。假设有一根长 12 厘米的管子，一端开口，一端封闭。如果有人从开口端吹气，管内就会形成驻波。在这类波中，由于空气与闭合端管壁有摩擦，那里的空气无法移动，所以这一点是波节点。最简单的一种驻波是这样的：空气分子离闭合端越远，运动幅度越大，在开口端幅度达到最大（这一点称为波腹）。在这种驻波中，波长的 1/4 与管长相等，所以它的波长为 $4 \times 12 = 48$ 厘米。如果你吹得足够用力，管中就会形成一系列其他形式的驻波，每个驻波都有节点和波腹分别出现在管的两端，如图 10 所示。这些其他波的波长是第一种驻波的简单倍数，这样的一组波被称为谐波。

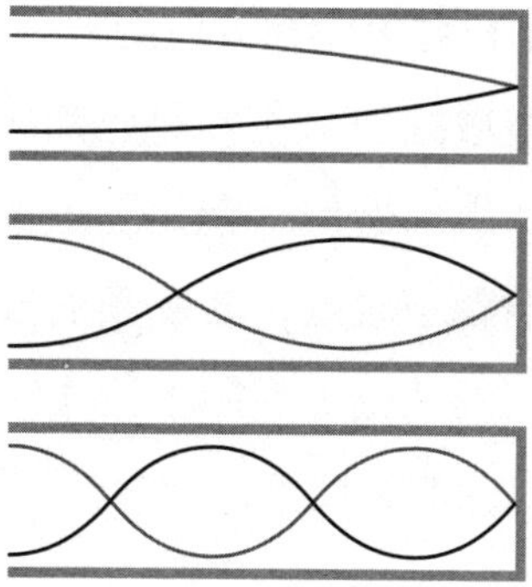

图 10　一端开口管中的驻波

与上述的管子类似，在任意充满液体的腔或任何坚硬的物体里，都存在非常容易被激发的特定波长的 28
声音。这被称为共振模式（或简称为共振），共振的主要模式是可以预测的，因为它们只依赖于尺寸。例如，如果把一根 12 厘米长的杆子的两端固定，猛击它将产生 24 厘米波长的声波，以及波长为 12 厘米、8 厘米、6 厘米、4 厘米的声波，还有所有其他节点间距能达到 12 厘米[1]的声波，这同样是一组谐波。

一个 12 厘米长的盒子里的空气或水也会产生上述所有波——在这种情况下，流体的“末端”靠近盒壁，在那里摩擦力阻止了流体的自由运动。盒子还会

1 原文为 24 厘米，疑有误。例如波长 16 厘米的声波，不能由文中的长杆生成，但其节点间距可达 24 厘米。

产生与它的高度、宽度和对角线相对应的波族。

共振是室内声学领域的一个主要研究问题，也是大多数乐器的基础。如果乐器的一端是开放的（比如风琴管），开口的一端就是腹点，其基频的波长会是相同长度的封闭管波长的两倍（实际上波腹在管道的末端之外形成，需要进行末端校正，请参见框 7）。

框7　末端校正

闭合管 $\frac{\lambda}{4}=l+c$，开口管 $\frac{\lambda}{2}=l+2c$

末端校正值 c 约为管半径的 0.6 倍。

29 通常，最低共振频率是最强的。然而，如果给一个乐器提供大量的能量，它可能会产生一个八度共振，甚至更高到两个八度。例如，如果吹得足够用力（“超吹”），长笛就可以做到这一点。

共振在我们的生活中随处可见。当你敲击盘子、杯子或叉子的时候它们会发出声响，只要你别把它们握得太紧，否则声音会被抑制住（音叉在紧紧握住的时候仍然可以产生共鸣，是因为音叉有两个相同的尖头叉子且移动方向相反，这样共鸣就在把手处相互抵消，因而没有在把手那里产生振动）。利用共振，我们可以检查陶器是否有裂纹。如果没有裂纹，陶器材料中每一毫米的运动都会紧随相邻毫米的移动，让波通过，就像墨西哥人浪[1]一样，这表明陶器确实是完好无损的。而即使是一个非常细小的裂纹也会将相邻区域分开，此处的拖曳和摩擦就会抑制共振，产生反常的“叮当声”。

如果一个力以与该物体的共振频率相同的频率作用在物体上，耦合的效应就会非常明显，因此吉他弦会呼应房间另一端的拨弦声发出声音，或者电视机的一些部件伴随着节目声音突然发出恼人的嗡嗡声。

在声学的几个领域中，一个重要的效应是**亥姆霍兹谐振**（Helmholtz resonance），任何听过吹瓶口时产生的音调的人都很熟悉这种效应。只要是有开口的空心物体或腔体都可以作为亥姆霍兹谐振器（见框 8）。如果一股气流从开口上吹过，一些空气会进入腔体，增大腔内的压力。压力又把空气推出去，就像钟摆一样，让这个空气“过度冲出去”，留下一个轻微的低 30
压环境，这样就会吸入更多的空气，循环往复。这种有规律的循环包含了共振频率的声波。如果把这个频率的声波供给谐振器，它就会发出非常强的声音。

---

1 球迷在看台上有序地举手站起再坐下。

框8　亥姆霍兹谐振器频率

$$f \approx \frac{v}{2\pi}\sqrt{\frac{S}{lV}}$$

其中，v 为声速，S 为瓶颈面积，l为瓶颈长度（包括末端校正），V 为腔体体积。

绘制声音

驻波是声波的一个小子集，大多数情况下，波中的高压区和低压区在空间中运动（这种波被称为前进波或行波）。如果你想“看到”行波，就必须记录气压随时间的变化。亚历山大·格雷厄姆·贝尔是第一个尝试这种方法的人。1874 年，他设法从一具尸体上弄来一只耳朵，给它涂上油以保持其柔软，并在鼓膜上绑上一根细稻草。稻草的另一端可以在一块带着煤灰的玻璃上画一条线，这样一来，当有人对着这个耳朵大喊大叫时，玻璃就会随之移动。这条摇摆不定的线是声波的第一次记录，这个装置被称为人耳记音器。为了减轻那些需要制作这种装置的人的负担，后来的版本不再使用死人的耳朵，取而代之的是金属振动膜。

然而，记音器对于声波的实际测量并没有什么用处。实际的测量最终由在 20 世纪 30 年代开发的**阴极射线示波器**（cathode ray oscilloscope，CRO）实现。CRO 可以设置不同的时基，这样高频的声音就可以在屏幕上传播，而低频的声音则被压缩，于是就可以看到它们的 31
波形，由此可以读出它们的波长并确定它们的频率。

今天，CRO 在计算机上被广泛使用。然而，二维图仍然只能显示声音的一些特征。大多数声波的频谱和压力变化都很快，只有在一种叫作声谱图的三维示意图上才能正确地同时显示出来。这种声谱图需要依靠计算机才能生成。在声谱图中，屏幕上方的高度通常代表频率，亮度或颜色代表声压（或强度）。在其他情况下，可以在屏幕上显示三维形状，结果通常类似山脉（见图 11）。

图 11　声谱图

解码声音

能够看到声音，意味着人们可以对很多与它相关的信息进行定性，也可以对显示结果进行粗略的测量，但是很多时候我们还需要声音的精确定量信息（例如为了消除噪声或改进乐器的设计）。为此，我们需要进行数学分析，这是最广泛和最基本的分析方
32 法之一，是基于约瑟夫·傅里叶（Joseph Fourier）在19世纪所做的工作而产生的。

傅里叶意识到任何周期函数（以稳定速率重复的函数）都可以通过将一系列正弦波（现在称为傅里叶级数）加在一起来构造，他还想出了一种方法来确定这个级数的元素（项）是什么。从数学上讲，傅里叶级数是由一系列正弦和余弦组成的——考虑到余弦可以看作是一个从最大值而不是从0开始的正弦波，所以这里只提到了正弦波。如图12所示，三个正弦波就可以近似一个方波。为了使后者的侧边更垂直，必须添加更高频率的音调。方波听起来像咔嚓声，傅里叶分析表明，突然（声级快速增加）的咔嚓声会包含一些非常高频的成分。

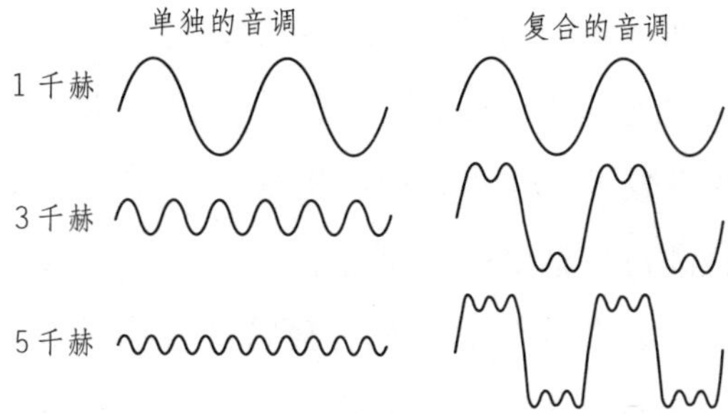

图 12 用正弦波求和来近似一个方波

傅里叶的原始工作只适用于周期波，但它进一步发展为一种被称为傅里叶变换的方法，可以用来处理非周期波。**快速傅里叶变换**（fast Fourier transform，FFT）是一种计算信号正弦波分量的高效数学方法。 33
当加入这样的波时，人们就必须考虑它们的相位。在一个波长内，声波的声压从零（与周围空气压力相等）上升到最大值，然后下降到最小值，然后又上升到零。这类似旋转的轮子边缘某一点的垂直运动轨迹，因而相位可以用角度的方式来描述，即从 0° 开始上升到最高相位的 90°，再落回水平位置 180°，接着降至最低位置 270°，最后回到 360°（与 0° 是一样的）。

所有真实的声音都会随着时间的推移而改变，所以转换成正弦波的过程必须频繁地重复。这种对声音的时变频率分析有许多应用。例如，组成一个人声音的声波的某些参数对那个人来说是独一无二的，因此，这些参数可以作为“声学指纹”（即声纹），并可以由机器进行自动语音识别。

相反，由于每个单词都有独特的发音（除了同音异义词，比如“sew”和“so”），无论由谁来说这个单词，理论上机器都可以自动识别出来。虽然不同的人有发声差异，但某些特定的因素只是略有不同，或者是可以预测的。这也是为什么（在一定条件下）不管说话者是谁，我们都能够识别一个单词的含意。

然而，自动语音识别离完美还有很长一段路要走，主要的难点在于判断一个单词的结尾和下一个单词的开始位置。这个问题很难，试着听自己说“面包和黄油”，你听到的可能是像“brembudder”这样的词[1]，没有任何的停顿。人类之所以能够如此容易地识别单词，是因为我们听到的声音模式只是所说内容的表征之一，正如第 4 章将要解释的那样。

1 这里由于连读现象使得原来三个词的短语“Bread and butter”听起来像一个词。在汉语中类似的例子有“这样子”，由于连读听起来像“酱紫”。

合成声音

由于任何声音都可以被拆分成正弦波，因此任何 34
声音都可以从正弦波合成而来。从声音中生成语音的合成器已经问世多年，而且效果比识别器要好得多。然而，在实践中，把预先录制或预先生成的声音片段组合到一起来生成语音通常要容易得多，这是一种被称为语音编码的技术。

目前的电子系统几乎可以合成任何声音，不管它是否原本就存在于自然界中。比如怪异的谢泼德音调（Shepard tone），它是由逐渐降调又渐出的音调组合而成，其间会有更高的音调渐入，然后也开始下降，给人的印象是声音不断下降却又不会下降。然而，通常人们并不需要新的声音，而是需要现有声音的改进版本，例如一场没有噪声的音乐表演。在 20 世纪 60 年代，对流行音乐制作人来说最著名的电子产品就是电子琴，其加载的预录元素是流行音乐常用的非语言声音。这种乐器上加载的库中有录制在磁带上的小段声音，演奏者可以迅速用他们想要的频率和音量来播放任何片段。

选择声音：滤波器

最常见又最简单的修改声音的方法是过滤，即使用电子电路或软件删除或减少选定的频率范围。高通滤波器去除低频，低通滤波器去除高频，带通滤波器则同时去除低频和高频。曾经有一种很常见的可变滤波器是图形均衡器，它是高保真音响放大器上的一系
35 列滑块（约七个），可以抑制选定的预置频率范围。简单的“音调”控制同样可以使高（高音）或低（低音）频率变得安静。

各式各样的其他功能也出现在电脑声音艺术家或工程师的工具箱中。例如，有些软件可以添加混响或回声，创造一个人造声景，或在用扬声器播放之前，用这种实时变化的频率改变之前预录的流行歌曲的声音。这是卡拉 OK 系统的基础，在卡拉 OK 系统中，歌曲的音调可以被升调或降调，以匹配用户认为最容易唱的方式。

03

和谐之声

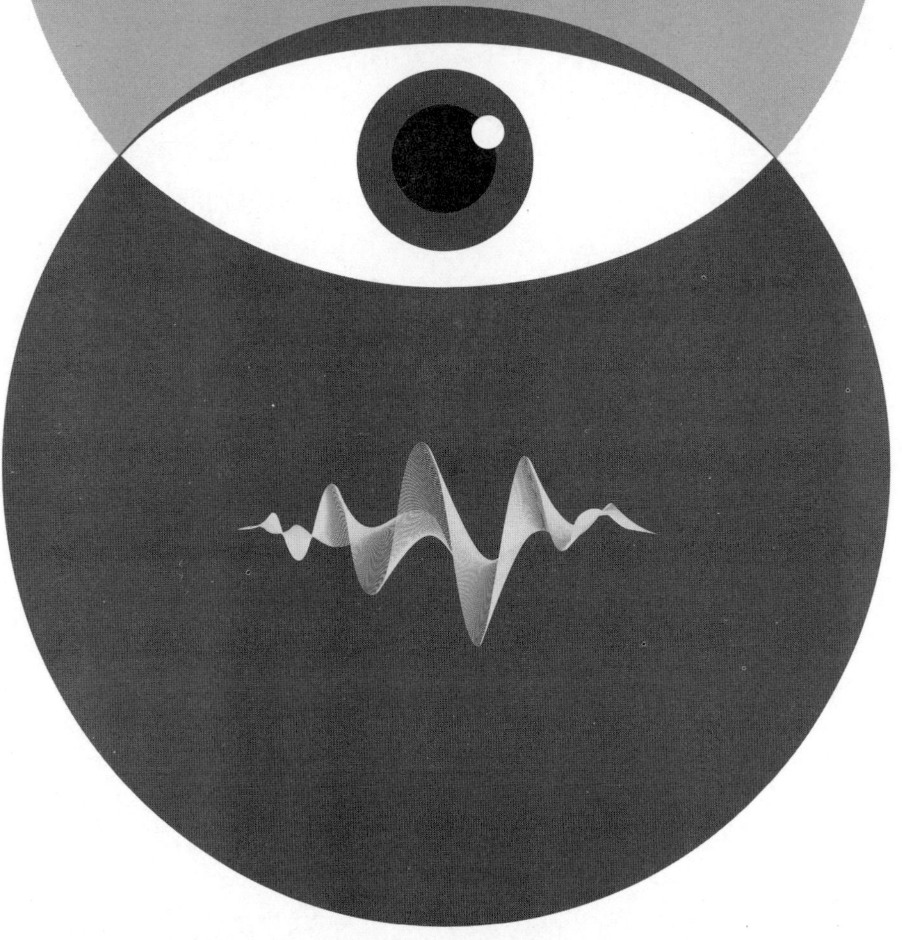

音符是什么

“音调”（tone）和“音符”（note）[1] 这两个词分别 36
反映了声音的主客观性质，音调是具有特定频率的声波，音符是其给人留下的主观印象，对应特定音高。

除了音高，一个音符还具有时值、响度和音色等特征。音色是迄今为止识别乐器最重要的特征，也是情感内容的主要载体。实际上，由于音色极为复杂，它与其他特征相比有明显区别。这有点像根据性别、身高、体重和指纹来定义一个人，前三个参数都可以明确到某项具体值，但是对一个人指纹的完整描述是非常复杂和多维的。同样，只有音色是特定的乐器或人所特有的特征，所以它是大脑用来识别声音唯一性的东西。

指纹侦探没有这种担忧，但对大脑来说音色识别是个问题。音色是一种动态特性，也就是说，它会随着时间而改变。铙钹、钢琴或鼓的音色从开始到结束

1 原文 note 统一译为音符。但实际原意更接近单音，和其让人产生的听觉感受。

都有很大的变化（这种变化称为流）。特定乐器或扬声器的音质也会随着音调和响度而改变。例如，大提琴的高音与低音相比有着不同的音质，同样的一个字
37 吼出来和讲出来相比并不仅仅是声音大了一些，而一个男高音歌唱家在唱出他能达到的最高音时比唱低音听起来更单薄。幸运的是，我们可以依靠高度进化的听力，专注于声源发出的第一个声音，从而理解这一切。

进化使然

我们对音乐的欣赏和我们对噪声的厌恶可能源于进化的压力，这种压力塑造了我们远祖的听觉系统。他们听到声音之后的首要任务是识别它，且没有时间去纠结。弓箭弦的响声、雪崩的隆隆声、正在接近的滚滚蹄声或蛇发出的嗞嗞声，只有在听者反应迅速的情况下才是有利的声音，因此听觉系统将其分析能力集中在听到声音的最初时刻。这就产生了一个令人惊讶的结果，即一件乐器在最初几秒内发出“突发”声，尽管通常是不和谐的，听起来也不像乐器的“稳态”声，但正是“突发”声使我们能够识别出那件乐

器是什么。一段经过编辑，删除了所有突发声音的录音音乐听起来很奇怪，我们很难识别出发声乐器。多年来，这一事实阻碍了人们制作更符合听觉规律的乐器。

通常情况下，乐器，甚至乐曲都能在一秒内被辨认出来。曾经有一个相当受欢迎的电台（后来又上了电视）智力竞赛节目叫《听歌识曲》（*Name That Tune*）。你很容易就能识别一段你熟悉的录音，即使只是听到开始的一点声音，你也足以识别它。同样，一些声音会立即告诉听众整首曲子的风格：一个和弦可能有一种“墨西哥”的味道；几下小提琴弦的拨弦可能听起来有“乡村风”；一个尖的风笛音有“苏格兰”的风味；或者几个音符就描绘出“凶猛鲨鱼在逼近”。

我们对这些简短提示的反应主要是情绪上的，这 38
与它们最初作为危险警告的作用相吻合。狮子的吼声或安全搭扣松开时发出的咔嗒声会立即引起人的本能反应，使人释放肾上腺素，为逃跑或战斗做准备。事实上，我们对身边突然出现的巨大声响的瞬间反应是远离它，如扬声器发出的尖叫声会让我们立刻跳开。即使是连续的声音，如果足够大，也会令人反感。因此，基本上没人愿意从风钻旁边经过。

与我们对突发声音的关注相反，我们会渐渐失去对持续声音的关注，这导致一个看似矛盾的现象，即恒定音量的声音在持续几十秒后听起来变得不那么响了。在自然界中，这些声音听起来可能像微风一样无害。但是，如果这种长时间存在的声音突然停止，这种戛然而止就像声音刚出现时一样引人注目。

从声音研究的角度来看，听音乐的行为受到了相当大的关注。例如，音乐学家和哲学家彼得·森迪（Peter Szendy）认为，听音乐的重点是与其他作品、表演者、乐器以及其他听众的比较。他的观点是，由于听音乐的行为不断地以这种方式“占用”了其他东西，所以我们永远无法完全把握一段音乐的本质。

学习如何唱歌

对许多人来说，音乐之声远比其他类型的声音重要得多，以至于许多人几乎无法抑制自己想要突然放声歌唱的冲动。你通过唱《飞越彩虹》（*Somewhere Over the Rainbow*）来愉悦自己，可能在一定程度上也愉悦了周围的人。朱迪·加兰（Judy Garland）当然唱得更好，这一点毋庸置疑。但她是如何做到这一点的？虽然你的听众可能不喜欢听你唱的曲子，但他们肯定能听出来这是什么歌，因为即使你唱的很多音符是错的，它们至少会按正确的顺序在音高上上下移动，并用他们熟悉的规律改变着音长。

音符和休止符（即音符之间的间隙）的长短由它 39
们的形状表示，定义为“完全的音符”（全音符）长度的几分之几，如表 2 所示。

表2 音符和休止符

记号	名称	相对时长	休止符
𝅝	全音符	一个全音符	𝄻
𝅗𝅥	二分音符	半个全音符	𝄼
♩	四分音符	四分之一个全音符	𝄽
♪	八分音符	八分之一个全音符	𝄾
𝅘𝅥𝅯	十六分音符	十六分之一个全音符	𝄿

通常，音符没有标准的持续时间。尽管在某些情况下，作曲家在其乐谱上会标类似“♩= 66”的记号，这意味着“一个四分音符持续 1/66 分钟”。然而，通常情况下，一首乐曲速度（专业术语为 tempo[1]）的标记是一个有丰富含意的短语（通常是意大利

1 tempo 是意大利语“乐曲速度”的意思。

语），比如“行板”（以步行的速度）或“从容的快板”（快但不太快）。也许是因为节奏的概念在生活中不适用，我们对它的判断力很差——无论是业余爱好者还是专业人士，能发现乐曲里大约 4% 的节奏差异，就是极限了。

除非你是一个训练有素的歌手，或者天生的好歌手，否则你可能会唱出一些稍微“平一些”（也就是说，比本应该唱的音要低一点）或“尖一些”（比本应该唱的音要高一点）的音符。但这里的“应该”是什么意思呢？这并不意味着“唱对了音”。你在唱“在”字的时候是 300 赫兹还是 333 赫兹并不重要，重要的是你要得到一个正确的频率比。所以，如果你用 300 赫兹唱“在”，就必须用 600 赫兹唱“哪里”，也就是高一个八度，要不然人们听了就会直皱眉头。

因此，如果你在用钢琴给自己伴奏，唱的调却和
40 钢琴不同，那听起来肯定是不合调的。对钢琴家来说，“在”是一个“Fa”。一架 88 键的钢琴上有 8 个“Fa”键，任何一个“Fa”键都可以用在这里——如果选择第四个“Fa”，钢琴就会发出 349 赫兹的音符。

如果你真的发现自己能“自动”与钢琴合调，那么你可能拥有一种罕见的特质，即**绝对音准**（absolute

pitch，也叫绝对音高）。拥有绝对音准的你只需要唱出与钢琴相同的音符即可。但如果你回到两个世纪以前，那时钢琴的音调和现在不一样，那你也就无法和它们保持一致。如果你想和当时绝对音准的歌手合唱一首无伴奏的二重唱，其结果听起来可能并不令人满意。

不过，从某种意义上说，你的音准比你 19 世纪的朋友的要好。如果你穿越两个世纪去未来，你的绝对音准就可以和其他人相比较，但 19 世纪的人就不一样了。这是因为，1939 年在伦敦举行的国际标准组织（International Standards Organization）会议上，许多国家都同意将特定音符规定为特定频率。同许多其他国际协定一样，产生这项协定是因为长久以来的走调情况已经变得让人无法容忍。

由于乐器制造者、音乐家和作曲家在不同的国家基本上是独立发展起来的，所以他们都采用自己的音高标准。在拥有多个音乐中心的国家，音高甚至因城市而异。1780 年，一个拥有绝对音准的柏林人在维也纳也会走调。在一个城市制造的小号在另一个城市就会走调，而且小号一旦做出来就不能再调音了。因此，随着音乐家的国内和国际旅行变得越来越普遍，成功的乐器制造商想要将他们的客户群扩大到更远的地方，对国际标准的需求变得更加紧迫——因此就有了这次会议，会议举办的时间甚至定在战争前夕。

绝对音准并不是与生俱来的天赋，必须靠学习掌
41 握，而且得在6岁之前学习，通常是通过记住乐器上的所有音符。从表面上看，这几乎是一项令人难以置信的记忆壮举，而这种记忆技巧对成年人来说已经是不可能习得了。有些孩子似乎更容易学习绝对音准。在中国和越南拥有绝对音准的人要高于欧洲或美国，这可能是由于东方语言中的词语对音调有更高的依赖性。

对我们这些缺乏绝对音准的人来说，我们记住的是音符之间的差异（音程），而不是音符本身。因此，无论是低音提琴还是小提琴，我们都能立即识别出其演奏的熟悉曲调。

为什么我们喜欢我们所做的事情

到目前为止，音乐中最重要的音程是八度，即一个音符的频率是另一个音符的两倍。八度的重要性有一个事实支持，在我们今天大多数人使用的A到G的记谱系统中，相隔一个八度音程的音符由相同的字母

表示。为了区分每个音符的不同，一般会要求使用数字下标（所以钢琴上的第四个 F 是 F4）。

一个八度的音程是和谐的，我们听到和谐音程，即和音的感觉就是听觉上的愉悦。除两个相同的音符外，八度是所有音程中最和谐的音程。

虽然我们知道大脑对谐音的反应会受神经刺激，但对和谐音程听起来很协调的原因还不是很清楚。也就是说，对这类声音的每个组成部分做出反应的神经元倾向于彼此同步它们的放电速率，因此，和谐的音程对我们来说显然很重要。为什么我们觉得和谐音程令人愉快，而不和谐的音程就没有这种感觉呢？事实上，尽管我们通常不喜欢单独的不和谐的声音，但从古希腊时代起，作曲家和他们 42
的观众却渐渐喜欢上了不和谐的声音。西方音乐史上一直有人不断采用更多的不和谐的声音，这就是为什么听斯特拉文斯基（Stravinsky）的《春之祭》（*Rite of Spring*）或莫扎特（Mozart）的《弦乐四重奏》（*Dissonance Quartet*）不像过去那样令人害怕。如果按照人们的感受对音程进行排序，其结果常常与地理或历史因素无关，所以和谐是客观存在的。事实上，有两件事值得注意：

1. 我们的耳朵还不够“粗糙”。当耳朵接收到两个频率相近的音调时（大约 5% 的不同，或两三个半音），我们会认为听到单个不太精确的音符。

2. 与谐波系列的相似音调，也就是说一组具有 1 千赫、2 千赫、3 千赫、4 千赫等频率的音调也很和谐。

更多的音符

音乐创作不能仅仅依靠八度音阶。首先，人类的听力范围不超过 10 个八度。其次，演奏出这样一个音域也是一种挑战，小提琴和吉他能演奏大约 4 个八度，天赋异禀的人能演唱 5、6 个八度，钢琴能演奏 7、8 个八度。此外，如果每首曲子都是最纯粹的和音，很快就会变得单调乏味。

八度音阶被定义之后，毕达哥拉斯和其他探索者就开始在八度音阶上添加音符，开始了一项长达千年的研究项目。尽管毕达哥拉斯研究的是单弦，但最容易的方法是用几个长度可变的弦，并要求它们都具有相同的张力和粗细，且由相同的材料制成。

在八度音阶之外，第二和谐的一对音符是由一对长度比为 2/3 的弦组成的。其他三个简单的弦长比产生了其他听起来相当不错的音符组合，如表 3 所示。

表3　和谐音程

音程名	短弦与长弦的长度比	与第一个音符的频率之比	和谐度的顺序
一度	1	1	1
二度	8/9	$1\frac{1}{8}$	6
三度	4/5	$1\frac{1}{4}$	5
五度	2/3	$1\frac{1}{2}$	3
四度	3/5	$1\frac{1}{3}$	4
八度	1/2	2	2

如果我们按照表 3 中定义的弦长制作一个竖琴， 43
并要求弦的粗细、张力和材料都一样，我们会很容易得到简单、听起来令人愉悦的和弦。事实上，任何一对或大量这样的弦在一起弹奏，听起来都不会太糟。

这个系统被称为五声音阶。它是由世界各地的许多古代音乐家独立发现的。至今仍很流行的《奇异恩典》（*Amazing Grace*）、《我的女孩》（*My Girl*）和《我射杀了警长》（*I Shot the Sheriff*）等乐曲都是按五声音阶创作的。钢琴上的黑色琴键是一系列五声音阶，所以如果你随意按下它们，听起来不会像随便乱按白色琴键时那么糟糕。

更多更多的音符

人们虽然喜欢和谐的音乐，但同时也喜欢带一点点不和谐的音乐，五声音阶对那些想要挑战听众、突破界限的作曲家来说，实在是太和谐、太安全了。而且，每八度只有 5 个音符仍然不算是很多，但是如何添加更多的音符呢？这个问题引发了数百年的仔细实验和学术辩论，最终形成了一种被称为“十二平均律”的系统。在这个系统中，一个八度音阶被分成 12 个音符，相邻的两个音符之间相差一个半音，或者 100 音分。

44 在音乐中，重要的是音符的比例，而不是音符本身，因此半音和音分都是按比例设定的。每一个半音比前一个的频率高约 6%。这意味着与半音对应的频率越高，音符就越高。

一些作曲家曾经尝试在每个八度音阶上使用超过 12 个音符。在从一个音符逐渐到另一个音符的过程中，额外的音符可能会短暂地出现（这被称为滑音，或滑奏）。然而，在所有的文化中，每个八度的“合适”音符几乎总是12个。

在定义了12个音符之后，人们开始在每个八度音阶中只使用其中的8个音符（因此得名八度音阶）。一个八度音阶中只有7个不同的音符——第八个和第一个是一样的，只是比第一个高一个八度（即使是能立即识别一个音符的专业音乐家也很难说出它是哪个八度）。

心理学家乔治·米勒（George Miller）在1956年解答了我们在一个八度之间只用12个音符中的8个的原因。他通过实验发现，我们的短时记忆最多只能同时存储7个项目，也就是只能有7个不同的音符。

整组12个音符中相邻的音符之间有一个半音的跳跃，所以我们选择的任何7个音符组成的音阶都会间隔一些全音（两个半音）。这样我们才能有ABCDEFG这样的音阶。音阶是每个音符都高于前一个音符的任意序列。

我们选择了7个不同的音符来定义音阶，但这并不意味着我们不能在一段音乐中使用其他音符。如果想要使用那些“间隙”音符，我们可以用符号来标记它们，这些符号表示“比音阶中下一个最低音符高半音阶”或“比下一个最高音符低半音阶”。

在上面我们给出的音阶例子中，在第一个间隔 45

中产生的额外音符被称为升A（升号记作♯）或者降B（降号记作♭）。如有需要，音符还可以进一步细分，这种更小的音阶被称为微分音。

在写一首乐曲时，通常有一个比其他音符更重要的音符——主调或主音。通常，这个音符是一首歌开始和结束的音符。在《飞跃彩虹》中，主音是落在“Some”和“I”上的。在影片中朱迪·加兰演唱时主音是降E（♭E）。因此，她唱的版本被称为降E调。

如何选定一个音阶呢？乐曲的情绪是主要的考虑因素。如果作曲家写的是一首自信、欢快、节奏快的曲子，他可能会选择大调。要写一首情感不太清晰的曲子，通常要选一个小调。大调和小调音阶的主要客观区别是（自然）大调音阶主要由主音（可以是任何音符）再加上6个与主音搭配最和谐的音符。“搭配最和谐”的意思是它们的波长比是整数的概率最大。因此，声波结合在一起形成了最规则的模式。在实践中，我们拿一个五声音阶并增加两个音[1]。这两个音符中的一个叫导音，其频率是音阶最低音的$1\frac{7}{8}$。

在一个自然的小调音阶中是没有五声音阶中的两个音符以及导音的（它们被下移了一个半音）。其

1 指在五声音阶CDEGA中间添加F和B这两音构成七声调式，其中B就是那个导音。

结果是，不再有大量的简单整数比，结果听起来更模糊、更复杂，更不完整。

此外，当我们听到任何演唱或演奏时，音符总是伴随着完整的和声（除了一些电子乐器）。大调音阶也包含所有这些和声，小调音阶则不包含。因此，在大调音阶中有一种真正的“自然性”或“完备性”， 46
而这在小调音阶中是没有的。《奇异恩典》和《我的女孩》都属于大调，《我射杀了警长》属于小调。

过去（现在也仍然）有人声称，除了大调和小调的区别，每个调都有自己的情感特质。大量的实验证明事实并非如此。这一想法很可能是受著名或有影响力的音乐作品的影响而产生的——模仿往往具有相同的基调，因此与原作的情感品质有关。这并不是说曲调的选择是任意的，有些乐器的设计是为了让特定曲调从生理角度来说更容易演奏一些。

声音序列

虽然世界各地音乐创作的“原材料”相似，但在发展上却有很大的不同。在西方音乐中，使用的音符相对较少，但它们经常被同时演奏（和弦）或相互关联（和声）。如果我们同时处理 7 个以上不同的音符，作曲就会更加困难。尤其是同时演奏或演唱不同旋律的复调乐曲将变得几乎不可能。在东方音乐中，作曲家往往使用更多的音符，但较少使用和声。这种方法上的差异也通过乐器设计体现出来。西方的乐器，如吉他和管风琴，是复调的；而东方的乐器，如锡塔琴，通常一次只能发出一个音符，但可以很容易快速而微妙地改变那个音符。

西方音乐和其他音乐之间的差异可能起源于 10 世纪，那时复调音乐诞生于欧洲（尽管有些人认为还要早得多）。从复调音乐中产生了西方特有的多音调方
47 法和发展这种方法所需要的和声研究。有人认为，第一次进行复调实验是为了让男人、女人和孩子们一起唱歌。

旋律

按顺序演奏一些音符，你就能得到一段曲调，从技术上讲就是一段旋律了。如果我们不考虑不同的音高，那么剩下的就只有所谓的节奏，即音符的相对长度和休止符，演奏整首曲子的速度（节奏），以及节

奏的模式（节拍，或称拍子）。这里的“韵律”不是单纯技术意义上的含意，它其实是指音长的模式。在《飞越彩虹》中，从技术角度看它的节奏就是“长、长、中、短、短、短、中、中”。

节拍是由时间拍号标出的。最普通的节拍四四拍的拍号是 $\frac{4}{4}$。分母上的数字给出了用来指定节拍的单位；分子指定了每组的节拍数。在乐谱中，每组的结尾都用一条竖线表示，这条线叫作小节线（四四拍指每小节有 4 个四分音符）。

音乐中的重要拍子类型并不只有这一种，两个波长相似的音调同时演奏时会产生另一种拍子。每隔一段时间，两种声波的波峰或波谷就会重合，叠加在一起，形成特高压区或特低压区。这种效应被称为低频“拍”，拍的频率等于两个声波频率之差（见图 13）。

观看任何一部讲述伦敦警察的黑白惊悚片，当警察吹哨子时，你都会听到节拍。这种哨子用两根长度略有不同的管子来发出引人注意的声音。但节拍也并 49
不总是令人不快，有一些管风琴中包含一个名为**天籁音栓**（voix céleste）的止音器，它控制着一组稍微走调的管子。当与普通的管子一起演奏时，产生的节拍会发出令人愉快的摇摆声。

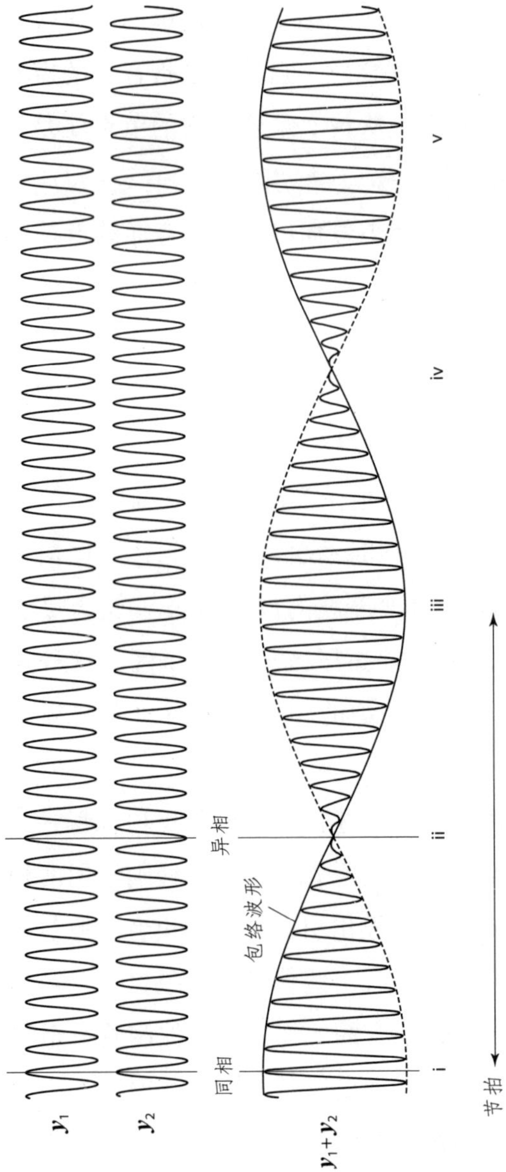

图 13 节拍

间奏

传统的乐器是根据它们最初是由什么材料制成来进行分类的，因此有弦乐器、铜管乐器、木管乐器和其他乐器（比如打击乐器）。另一种方法是根据乐器是有音调的（像钢琴）还是无音调的（如沙球）来进行分类。任何音乐都需要节奏，使用没有音调的音源可以避免与“旋律”乐器产生不和谐。节奏源不一定是一种乐器，让－巴普提斯特·卢利（Jean-Baptiste Lully）曾用一根大棒敲打地面。这已经不流行了，部分原因可能是卢利死于这种演奏：大棒打到了脚背，导致他患上了晚期坏疽。鼓很快成为一种更受欢迎的音源，尽管它们也被用作“实际”的乐器。低音鼓和小军鼓这样的鼓是没有音调的，但定音鼓有音调。

大多数有音调的乐器都是通过敲击或拨弄弦、线、板或其他固体来发声，也有一些通过肺部或风箱提供能量使空气柱振动来发声。在这些情况下，乐器由共振加上泛音（在有铃铛的时候还有底音，也称为次谐波）来提供所需的声音。

这使得制作乐器看似挺简单，但实际上有三个难点。第一点，像金属板这样的物体不仅在两倍于其长度的波长上共振，在两倍于其宽度和厚度的波长上也有共振，它旋转时还会发出其他声音。

对弦乐器演奏者来说，第二点非常有用。当一个物体，比如说 120 厘米长的弦被击打（或弹奏、运
50 弓），它的运动模式不仅取决于它的长度，还取决于击打的位置点。因为击弦点只能是一个波腹，而弦的末端只能是节点，所以如果弦在距离端点 40 厘米的地方被击打，它就会形成一个节点与反节点距离为 40 厘米的基频，因此波长会达到 160 厘米。此外，还会有一种节点与反节点距离为 80 厘米的声音。当弦的振动变成它的固有振动模式时，以上这些波长会迅速消失，这种振动模式的中心有一个腹点，因此会产生 240 厘米波长的音调。主观上的影响是，近中点拨弦发出的声音更柔和，近端点拨弦发出的声音更刺耳。

风笛和管乐器的工作方式与此类似。在一个开放的管中，最常见的是有一个可以自由运动的开口端和不能自由运动的封闭端（封闭端不可能有自由运动）。12 厘米长的管会有一个基本节点在 0 厘米处，第一波腹在 12 厘米（由于终端修正会多出一点点），因此波长约 48 厘米。但是，就像在弦乐器中的情况一样，这还没完。虽然基频是由管的长度来定义的，但是其他的共振会根据管道的宽度来产生。这些

与基本音及其泛音的混合产生了不同的音色，在更宽的管子里，较低谐波中有更多的能量，音色更圆润，而更薄的管子音色则更明亮（或更尖锐，每个人的感觉不同，因而描述也会不同）。

乐器制造商最后要考虑的是，一根位于两点之间的弦只会发出非常小的声音，因为它非常薄的横截面只会影响到周围很小体积的空气。为了把弦变成乐器，必须使更大体积的空气运动。在电吉他中，这是通过使用金属弦的振动在拾音器（用细线缠绕的磁铁）中产生小电流来实现的。在原声吉他和其他弦乐器中，顶部木质共鸣板受弦影响而振动，它的面积更大，比弦本身能够移动的空气更多。此外，在低频 51
段，这些乐器的空心体充当亥姆霍兹谐振器。

非电子的乐器没有能量输入。相反，它们将琴弓、拨片或气流所提供的能量转化为一种声学形式。在某些情况下，当乐器的主体将频率移到 4 千赫左右时会听起来更响，尽管由于摩擦损失，声音功率实际上减少了一点。这种响度的增加源于我们听觉系统的结构，我们将在第 4 章中看到。

04

听到声音

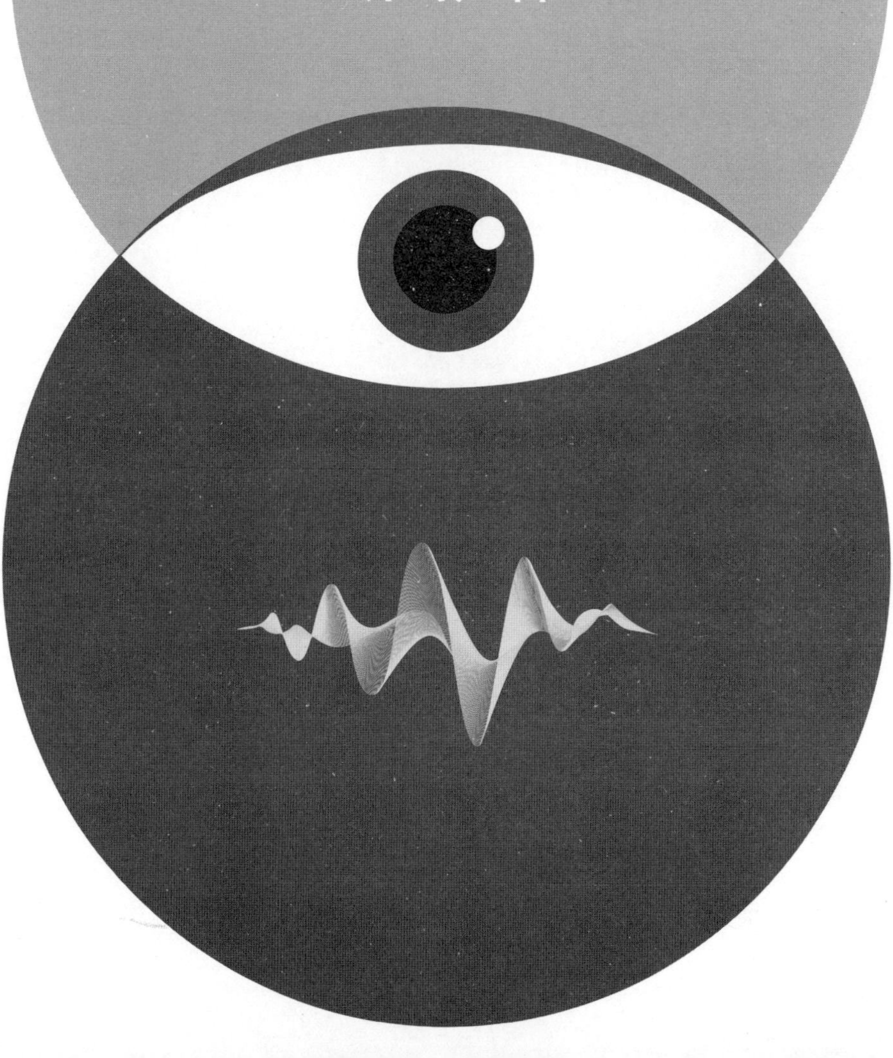

听力的范围

能够听到声音并不是一件稀奇的事情，因为强大 52
的声音会振动身体，就连单细胞生物也能感觉到。但是，能够像人类一样听得那么清楚，简直就是奇迹。功率 10～15 瓦的声音移动鼓膜的幅度比氢原子的直径还小，即使是功率这么小的声音，我们也能够轻松听到。

我们能够听到的声音的强度范围也同样令人惊异。人类可以听到的声音中，最安静的声音（听力阈值，0 分贝）和疼痛阈值（约 130 分贝）之间的差距十分巨大——130 分贝，这个数值相当于价值 1000 亿英镑的便士数量（10^{13}）。

我们还可以听到相当广泛的频率范围：大约 10 个八度，比钢琴键盘还多几个。而对于远远低于和高于这一频率范围的声音，虽然我们无法真正听到，但却可以感觉到，这一点将在第 6 章做出解释。我们对于声音的频率有非常好的辨别能力：大多数人都能察觉
到大约 1/4 个半音的差异；在理想条件下，我们甚至 53

能够分辨大约 1/12 个半音的差别。相比之下，我们对声音方向性的判断能力则相当一般。即使在十分有利的条件下，我们也只能确定水平方向 10° 左右、垂直方向 20° 左右的声源的方向。在这方面，许多其他动物都远远超过了我们。

也许我们所有听觉能力中最令人惊叹的一点是，即使谈话的声音不到背景噪声水平的 10%（假设背景噪声的频率分布很广），我们也能够听清楚：这远远超过任何机器的极限。

我们的耳朵有两种功能：听觉和平衡。平衡完全由半规管负责（见图 14）。耳朵的其余部分就可以自由地根据我们的需求演化出最合适的系统。但我们的发声器官却不是这样，作为人类进化过程中出现相对较晚的器官，它必须自己挤进脸颊和下巴之间，并与它们共享之前用于呼吸、进食、舔舐、吮吸、亲吻和战斗的那些身体结构。不过，对一个训练有素的演员或技艺娴熟的歌手而言，他们的发声系统可以像斯特拉迪瓦里小提琴一样完美地工作。

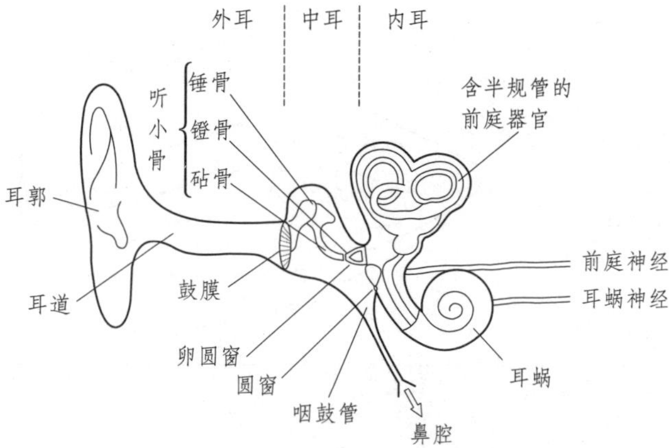

图 14　耳朵（中耳和内耳经大比例放大）

耳朵能听到什么

如图 15 所示，我们的听觉系统还没有进化到可以测量声音的物理功率。例如：短笛的最大功率约为 0.08 瓦，而长号的最大功率约为 6 瓦，但长号听起来比短笛更安静，这意味着长号演奏者必须比短笛演奏者更加用力（实际上短笛演奏者从来没有在任何常见乐曲中全力演奏过）。实际上，所有乐器的功率都很低。一个响亮的管弦乐队全力演奏的功率可能达到 60 瓦。如果这样的演奏持续两分钟，产生的能量足够煮开一汤匙的水。 54

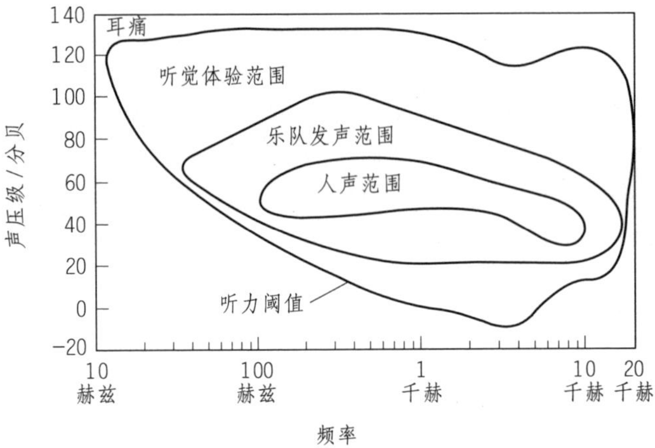

图 15　听力与频率的相关性

此外，这些能量从声源产生后会向各个方向传播，因此，如果你坐在离这样一个管弦乐队 10 米远的地方，只有不到 0.01% 的能量会到达你的鼓膜。实际上，鼓膜所探测到的不过是空气带来的一系列快速撞击，除了它们撞击的力度和到达的速度之外，这一过程并没有传递其他任何信息。我们之所以能够体验
55 到一个充满情感和富有意义的声音世界，要归功于解剖学、电化学和神经学上都高度进化的处理系统的精确协调。

外耳：捕捉声音

耳郭是耳朵的可见部分，像漏斗一样，主要起着收集声音的作用。耳郭前后不对称的形式也有助于收集声音在传播方向方面的信息。一些哺乳动物的外耳可以移动，有助于他们感知声音的方向。虽然有些人也有这种能力，但这除了娱乐价值之外没有任何用途。

由于耳道是一个约 3 厘米长的圆柱体，而共振波长为这个长度的两倍，那么相对应的频率为 3000 赫兹左右。该频率能量的增加会导致其他频率能量的损失，因此耳道就像一个带通滤波器。

在耳道的末端是**鼓膜**，一个约 1 厘米宽的圆形皮肤盘。它与耳道呈一定角度倾斜，以最大限度地扩大其面积，从而接收尽可能多的能量。鼓膜略呈圆锥形，这使得它比扁平形状能传递更多的能量。3000 赫兹以上的频率在鼓膜上不会形成共振，鼓膜的表面以一种混沌的方式运动；而对较低的频率而言，由于其波长比鼓膜尺寸大，因此鼓膜会做整体运动。因此，它能够以极小的滤波形式传输尽可能广泛的频率范围。这里的频率响应曲线几乎是水平线，要达到这一点，一方面是通过外耳的不对称形状，另一方面则依靠胶原纤维的内部支架。

鼓膜必须紧绷着，但是又不能僵硬，这一点很重要，是通过咽鼓管对内外部压力进行平衡实现的（我
56 们通常将咽鼓管画成开放的，但通常情况下它并不是开放的，除非有明显的压力变化导致其打开，这时会产生一种独特的咔咔声）。

中耳：声音增强

鼓膜与三块被称为听小骨的微小（实际上是最小的）骨骼相连，这些骨骼占据着充满空气的中耳。它们的主要作用是将鼓膜宽而浅的运动转化为对第二层鼓膜的高压“轻敲”，这层膜叫作“圆窗”，也是进入内耳的通道。听小骨起了杠杆的作用，使力增加了1.5倍。然而，这种力增强的主要方式其实是通过鼓膜和圆窗的面积之比实现的，将力集中在一个更小的区域，从而将压力增加大约20倍。听小骨还通过听觉反射为内耳提供一些保护（见第8章）。

内耳：从声音到电流

内耳充满液体，就像鼓膜把通过空气传播的声音转化为通过骨头传播的声音一样，圆窗可以将骨骼传播的声音转化成通过液体传播的声音。声音将沿着一个被称为耳蜗的长约 2 厘米的盘管传播。在它的末端有一个孔（螺旋孔），声波通过这个孔后沿着第二根管道传播回来，第二根管道沿着第一根管道的延伸长度与其连接。当声波完成它的双程传播返回时，它必须被消除，否则它会反射回耳蜗干扰新到达的声波。所以，第二管终止于另一层膜——卵圆窗。当声波到达卵圆窗时，卵圆窗向外膨胀，将声能转化成热能，然后消散。

基底膜将声波转换成神经脉冲，它像长棍面包的馅料一样在耳蜗的管子之间流动。如果没有像蜗牛那样卷起来（拉丁语中，耳蜗即蜗牛），耳蜗中并排的 57
管子就会长达 5 厘米。由于耳蜗的长度与声波的波长有关，因此所有哺乳动物的耳蜗长度都非常类似：大象的耳蜗也只比人类的长 50%，所以卷曲可能只是一个节省空间的方式，不具有任何声学功能。小鼠和其他小型哺乳动物无法容纳全尺寸的耳蜗。它们的耳蜗长约 1 厘米，因此它们只能听到 3～4 个八度的音程，相比之下，我们和大多数其他大型动物都可以听到 8～10 个八度的音程。在基底膜上的是柯蒂氏器，其上生长了 9 排短毛（每排约 400 个），称为**静纤毛**（stereocilia）。这些短毛沿着膜的长度延伸，并且有神经纤维与它们相连。这些纤维聚集在一起形成听觉（耳蜗）神经，其将脉冲传递到大脑。

基底膜随着声波的敲击而运动。它的底部比尖端更硬更宽，这意味着较低频率的声音会引起靠近尖端部分的振荡。这些振荡导致静纤毛移动，然后附着有静纤毛的毛细胞向大脑发送电化学脉冲。由于大脑知道各个毛细胞的位置，它可以通过这种方式确定声音的频率（这被称为听觉系统的位置说）。然而，当声音低于 1 千赫时，整个基底膜都会振荡。在这种情况下，一些其他的机制变得重要起来：静纤毛细胞随着声波脉冲发射信号。举例来说，对一个 100 赫兹的音调，静纤毛细胞每秒发射 100 次信号。

然而，细胞无法在一秒内发射超过 500 次信号。因此，为了应对更高的频率，它们面临的问题与一支装备了燧发枪的军队遇到的问题类似，如果说重新装弹需要一分钟，那么小队怎么能产生间隔 10 秒的持续的枪声呢？答案是将队员分成 6 组。第一组发射并开始装弹，10 秒后第二组发射，以此类推。在第六组开火 10 秒后，第一组将完成装弹并将再次开火。毛细胞正是以这种方式分组工作的。假设第一组在声波周期达到峰值时向大脑发出信号，第二组则在该周期已经下降到最小值的一半时发出信号，第三组在周期最小值时发出信号，而第四组则在周期返回至最大值的一半时发出信号。以这种方式，这样的四个单元组可以对频率比其最大发射频率高 4 倍的音调进行响应。

基底膜上的毛细胞也以一种非常不同的方式协同工作。那些排在基底膜第八排或者更外层的毛细胞通过瞬时改变它们的长度来响应传入的声波。这种运动放大了内层毛细胞（唯一向大脑发送信号的毛细胞）上的立体纤毛的振动，因此产生了显著的放大效果。这样我们能够听到的声音的最低值又降低了 40 分贝（到了我们原本听觉下限的万分之一）。这种活动会产生微弱的声音，称为耳声发射。因为婴儿太小，无法说清他们是否听到或到底听到了什么，所以耳声发射对于确定婴儿听力系统的功能非常有用。此外，当内耳受到损伤时，耳声发射就会减弱，所以它们也是听力学专家检查听力情况的有效手段。这种声音太安静了（是件幸事），人基本上无法听见，所以要用非常灵敏的入耳麦克风进行测量。

神经与大脑：从客观到主观

从基底膜发出的神经信号并不是模仿声波，而是包含三个信息的编码消息，即：（a）有多少神经纤维在同时发射信号；（b）这些纤维沿着基底膜排了多远；（c）纤维信号发射的时间间隔是多久。大脑通过（a）和（c）可以提取响度信息，通过（b）和（c）可以提取音高信息。

59 我们还没有完全弄清在大脑的听觉和语言中枢（见图 16）里发生了什么，但处理过程的第一阶段是从听觉神经的输入数据流中提取显著特征。这些特征被用来不断地更新、修改和精炼我们脑海中关于所听到的事物的模型，比如一个曲调、一句话，或者一段令人烦躁的引擎噪声。大脑通过预测声音接下来会怎么变化来测试模型的准确性。在预测的过程中，大脑会尝试确定声音的每个组成部分对于这段声音的含义所做出的贡献大小，这个过程被称为层次编码。例如，如果有人试图哼出《飞越彩虹》，哪怕他哼错了大部分调调，我们也能识别出这首歌，这也证明了我们在声音预测方面有惊人的能力。哺乳动物的大脑对传到耳朵里的声音的理解速度几乎令人难以置信——对一只狗说“松鼠”，如果它能听懂这个词，它几乎能瞬间对其做出反应。

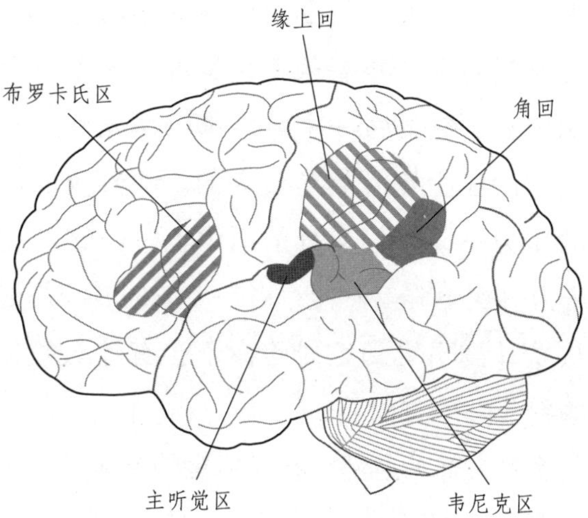

图 16　大脑中听觉、语言和言语活动的位置。主听觉区识别声音，布罗卡氏区既分析又生成语义元素，韦尼克区处理的是语音序列（听到的、发出的和记住的声音），缘上回负责发音，角回负责语义处理

回归

从进化的角度来说，听音乐对大脑来说是一件相 60
当不寻常且新奇的事情。通常在听音乐的过程中，兴趣的焦点是外部世界的某个物体，因此听觉系统的一个重要功能就是定位那个物体。对于高频的声

音，来自左侧的声音将首先到达左耳，同时由于头部对声音的阻挡，大脑会感觉到右耳处声音的音量比左耳低。当声波的长度大于两耳之间的距离时，大脑会比较两耳中声音的变化程度。如果一个长波从左侧传来，它的每一个波腹都会率先到达左耳，所以左耳的压力刚开始是最大的。随着波的传播，左耳的压力下降，而右耳的压力上升，直到波腹通过，压力再次下降。然而，当一个波的波长超过 4 米时，从左耳到右耳的这段距离不会有什么变化，因此无法判断它的方向。

大脑用头部和肩部形状对声音的影响来确定声源是在双耳水平的上方还是下方。拥有两只耳朵的优势不仅是可以判定声音的方向，而且还有其他用途，例如，有的时候即使外界没有声音，听觉神经也会发出信号，但如果这些信号只来自一侧，大脑就会拒绝接收。

大脑的处理系统已经进化到会对它接收到的声音做出合理的假设，这导致了诸如优先效应（也被称为第一波前定律或哈斯效应）这样的现象。大脑的假设是，第一秒到达的声音表明了声源的方向。因此，随后的声音被认为与第一个声音来自同一个方向。这使我们能够在黑暗的空间中定位声源，而不会被来自四面八方的回声所混淆。但这样的假设会产生误导，尤其是在那些声音是非自然发生的情况下。比如，让接收者听一个位于偏左 45° 方向、距离大约 1 米远的扬声器传来的声音，然后用另外一个更加响亮且完全相同的声音将其逐渐取代，只是这个新的声音来自右侧 45° 方向的扬声器，但是接收者听到的声音似乎仍来自左边。 61

对试图在人群中交流的人来说，鸡尾酒会效应会非常有用。在鸡尾酒会效应中，特定的词句（比如一个人的名字）会从嘈杂声中赫然而出。这也适用于非言语的声音：指挥家往往对特定的乐器或乐句高度敏感。这种效果之所以产生，是因为无论我们是否在主动倾听，大脑都在不断地建立模型，优先找出有重要意义的声音，比如人的名字。

听觉是非常丰富且复杂的，正如语言学家罗兰·巴特（Roland Barthes）所指出的那样，声音以三种方式作用于我们的大脑：作为“指示符号”（令人震惊的爆炸声）、作为“符号”（一个单词的字面意思）和作为“能指”（由“结束”这样的单词引发的无意识联想）。根据拉贝尔的说法，听力在很大程度上也是一种社交活动：

> 丰富且有起伏的听觉内容在很大程度上打破了私人和公众之间的界限。声音起作用是通过形成连接、群组和结合，这强调作为关系投射的个人身份……把一个人编织进一个更大的社会结构中……为实现共享空间的意义做出贡献。

拉贝尔还指出，无论我们喜欢与否，声音都让我们与他人——哭闹的婴儿、吵闹的邻居或欢呼的足球支持者产生亲密接触。正如他所说：“声音创造了一种关系地图，这种关系往往是情绪化的、有争议的、流动的。”

听小骨

62 鼓膜是造化“工程”的奇迹，但实际上没有鼓膜我们也能听清，因为声波也可以通过头部的骨头——特别是耳后的乳突骨到达内耳。将耳朵没入浴缸，在很大程度上等于切断了空气传播的途径，所以这时声音主要是通过骨骼传播到达大脑的。然而，乳突骨传导系统相当不敏感。使用空气传导，我们可以听到的声音比乳突骨所能检测到的最弱声音还低 40 分贝左右。但是，另一方面，通过骨传导我们能够听到频率高至 30 千赫的声音，这远高于空气传导的最大频率。不过，可能过高频率的声音对我们来说没什么价值，它们都以同样的方式编码，那些高频的声音和 20 千赫的声音听起来音高是一样的。

宽吻海豚的骨骼听觉系统要先进得多。它们的下颚长着牙齿，牙齿间隔有规律，角度相同，形状非常相似，且各自高度取决于它们的位置。这些加起来就构成了一个**聚焦阵列**，只要声源位于正前方，特定波长的声波就会被显著放大。因此，海豚可以听到非常小的声音，并且可以通过把头转动到响度最大的方向来定位声音。

耳聋

听力系统是一个脆弱的系统，耳膜或听骨受到严重损害的情况并不罕见。当这种情况发生时，我们必须依靠骨传导以及人工辅助。例如，爱迪生用他的牙齿把声音从留声机传到乳突骨，那台留声机上现在仍能看见牙印，述说着当年的故事。

63 上面这种情况称为传导性听力损失。如果内耳或听神经受损，其结果是感音神经性（或说“神经性”）听力损失，影响的主要是人对高频率低强度声音的听力。在温和的情况下，它会导致一种叫作“响度重振”的情况，在这种情况下，声音的“可听性”会出现突变。在一个声音响度逐渐增加的环境中，有的人一开始什么也听不见，之后会突然听到特别响亮的声音。因此，“没有必要大喊大叫”的抗议就是针对那些为了让对方能听到自己的声音而突然提高嗓门说话的人。

感音神经性听力损失是最常见的类型，其最常见的原因是毛细胞受到物理损伤。当声音非常高时，鼓膜会破裂（鼓膜也会因头部受到撞击或感染而受损）。然而，值得庆幸的是，鼓膜破裂不仅可以愈合，而且通常能恢复得和之前一样好。

全世界大约有 3.6 亿人（超过全球人口的 5%）患有“严重妨碍健康”的听力损失。相对于听力较好的人，患病成年人的听力损失大于 40 分贝，患病儿童的听力损失大于 30 分贝（儿童约占患者总数的 10%），则可以被定义为患有严重妨碍健康的听力损失。年龄在 65 岁以上的人中大约有 1/3 正遭受着这种听力损失的折磨。

在治疗耳聋方面，根据每位患者的具体情况，可以采取不同的治疗手段。对于传导性听力损失，如果患者还保有部分听力功能，根据佩戴者的特定听力损失模式量身定制助听器是最有效的办法。这种助听器通常也具备降噪功能，并且会使用定向传声器，以便患者能够集中于他正看着的声源。这类助听器还可以加装一个振动元件来刺激乳突骨。助听器在治疗感音神经性听力损失方面不太成功，因为信号会被响度重振效应所扭曲。

对完全失聪的人来说，耳聋治疗困难更大，但在 64
过去几年中，人工耳蜗植入的出现给他们带来了新希望。2012 年，通过刺激干细胞生长成毛细胞，失聪的沙鼠能够恢复 45% 的听力，少数沙鼠甚至恢复了 90% 的听力。未来的某天，这种方法可能会适用于那些因螺旋神经节神经元受损而丧失听力的人（这类人约占失聪人群的 10%）。一些动物失去静纤毛后很容易就能再长出来，如猫头鹰，或许可以通过基因诱导，将这种功能用来造福人类。但猫头鹰听力中其他独有的特性我们并不会使用，比如，猫头鹰的听力在春季时最佳，这很可能是因为春季它们需要为自己的雏鸟捕捉更多的猎物。

除了听力损失，还有其他很多与听力相关的问题。

最常见的就是耳鸣，也就是耳朵里嗡嗡响。其成因还不太清楚，而且声音的响度、类型和持续时间很大程度上会因人而异。它通常与过去的感染、用药（特别是某些抗生素）或创伤有关，而且常常伴随着听力损失。

语言的结构

大约 100 万年前，我们祖先的听觉系统产生了微妙的变化，从而能够分辨语言。人类对自己发声系统的进化知之甚少。虽然大多数动物都有以可控的方式进行发声的能力，但相较而言，人类语言的复杂性却是无法估量的。因此，与研究其他器官（比如腿）的进化不同，我们不能回顾过去那些古老形态，研究其种种发展形势，然后探究人类怎样适应这些变化，并进化出与之相配的系统。

在发声系统最基本的形式中，发出声音非常简单。图 17 显示了发声所涉及的结构。空气通过一根
65 管子（气管）从肺部排出，管子上装有片状的发声褶皱（声带），它限制空气流动，当肌肉绷紧时就会振动。增加这种张力会增加振动频率，但是褶皱的

长度会为频率设置下限，这导致男性声音的基频为125赫兹，女性为200赫兹，儿童则为300赫兹（或更高）。对男孩来说，青春期时的声带长度会突然增加，这就导致了声音的变化，即我们通常所说的变声。

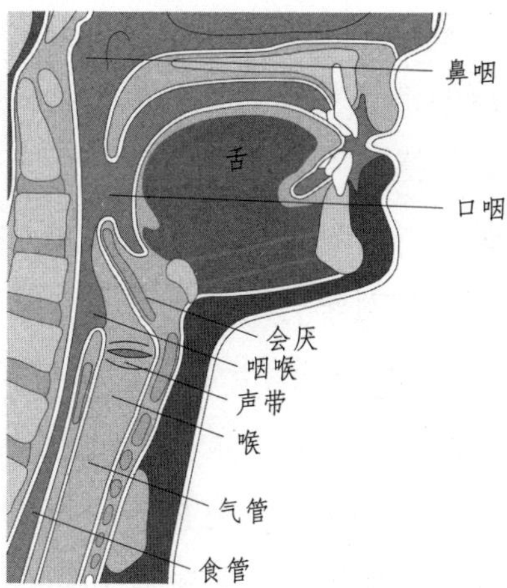

图17　发音器官

低频声音从气管末端发出后，进入由软腭覆盖的声道后部，在声道的前面是硬腭，这样形成了一个 66
腔，其中的声音形成名为**共振峰**的共振。元音的特征波长就在这里被设置好，然后通过抬高舌头来改变声道的体积，或将声道分成两个相连的腔来改变元音的波长。

辅音比元音涉及更多的发声器官，通常持续时间较短，而且在许多情况下，辅音在发声过程中就会发生变化。辅音主要有四种类型，分别由它们的发音方式来定义。

爆破音是因气流突然停止而形成的（因此它们的另一个名字是塞音）。摩擦音和流音则分别需要带有和不带有湍流的部分塞音。鼻音把气流转向鼻腔。滑音（半元音）包括从一个元音到另一个元音的快速过渡。如表 4 所示，这个命名系统的不同寻常之处是可以根据发音的位置对辅音进行细分。它同时也显示了辅音是否发声，也就是说声带是否参与发声。（腹语演员试图发出唇音或唇齿音的这一过程会出现需要抵抗嘴唇不自主开合的障碍。有技巧的腹语艺术家可以通过发这些音时加快语速，来规避这个问题。）

由于声道共振的波长只取决于其结构，所以改变声速就会改变这些波长的频率。因此，吸入氦气（密度为空气的 14%）会发出“唐老鸭”的声音，而吸入氙气（密度是空气的 4.6 倍）会发出更为罕见的沙哑声。

表 4 英语辅音

发音方式		发音位置						
		唇音（唇）	唇齿音（唇和牙）	齿音（牙）	齿龈音（牙龈）	腭音（硬腭）	软腭音（软腭）	声门
爆破音	发声	b			d		g	
	不发声	p			t		k	
摩擦音	发声		v	th(en)	z	zh		
	不发声		f	th(in)	s	sh		h
鼻音	发声	m			n		ng	
滑音		w			y			
流音					l和r			

然而，如果我们只是用我们的发声器官说话，生活将是一件枯燥的事情。从生理学上讲，唱歌和说话没有什么不同，只是发声的每一个方面都受到了更精细的控制，音高常常与一个额外定义的值关联。吹口哨则不涉及声带，它需要在嘴唇周围产生湍流，将 68
能量转移到声腔，声腔起着亥姆霍兹谐振器的作用。要大喊大叫，只需从肺部获得更大的空气力量即可。在窃窃私语中，发声器官的工作原理与正常说话时一样，只是这时声带既没有振动，也没有完全放松，因此当空气通过它们时，会产生湍流（这被称为内收）。由于更多的空气可以在声带之间通过，而不激发声波，所以低语必然是相对安静的。

我们的听觉系统比我们最先进的机器都要复杂得多，并且已经进化得非常适合我们，但大自然赋予我们的能力是有限的。除极少部分人外，我们现今所使用的通信技术中的声音，已经大大超过大部分人的发声或收听范围。正是为了满足我们对通信的需求，我们才利用电流，甚至是电子，来满足这一需求。第 5 章将围绕如何实现这个功能而展开。

05

电子声

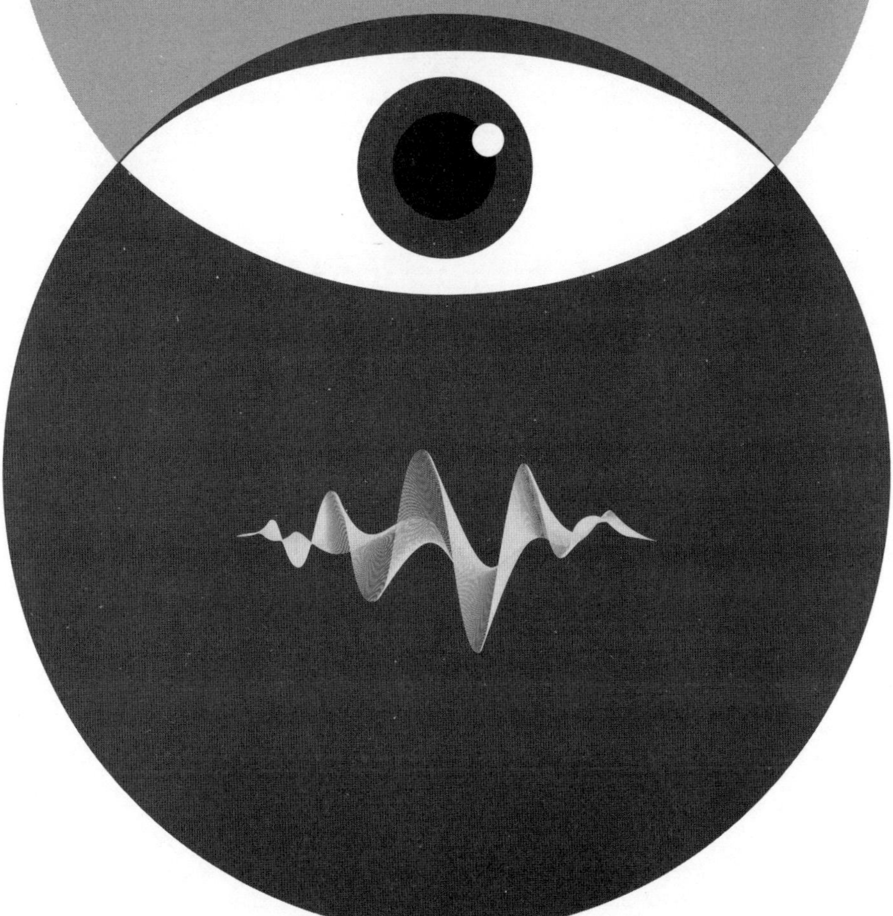

从声音到电流：麦克风

19 世纪 20 年代，查尔斯 · 惠斯通（Charles 69
Wheatstone）发明了麦克风。它是一种由两块金属板组成的纯声学设备，通过一根有弹性的杆子和一段女装裁缝常用的丝带固定在耳朵上。使用的时候需要把自己的头靠在声源上（惠斯通很贴心地建议使用一个烧水壶），如果运气好的话就可以听得更清楚。意料之中（惠斯通却觉得很意外），这个设备并没有流行起来。

现今声学设备的前身是碳质麦克风，由大卫 · 休斯（David Hughes）于 19 世纪 70 年代发明。与惠斯通的设备不同，碳质麦克风可以将声音转化成电。在这种设备中，一个薄金属片（膜片）压住充满碳颗粒的容器，下压的力改变碳颗粒的电阻，电流从中流过。虽然性能很差，但碳质麦克风在电话中使用了几十年。

虽然在过去的几年里，出现了很多种形式的麦克风设计，几种专业的类型现在还有，但目前常用的只有三种类型，即动圈（或动态）麦克风、电容式麦克风和压电式麦克风。

70 在动圈麦克风（见图 18）中，膜片连接到环绕固定磁铁的线圈上。线圈运动时产生低电压，从而产生一股弱电流。低电压意味着这种麦克风的质量不足以进行测量工作，所以动圈麦克风主要用在音乐会和录音棚中。

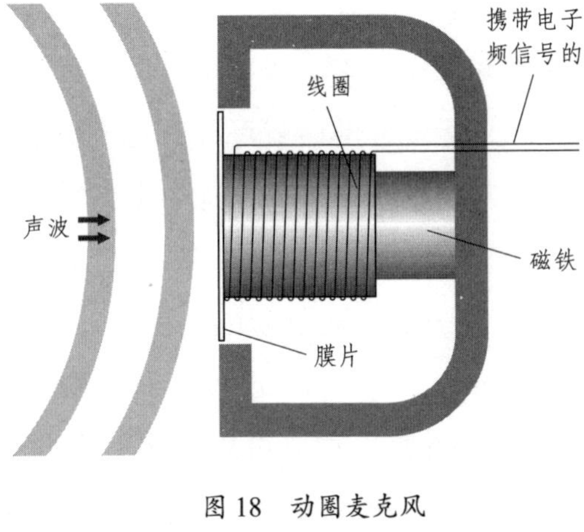

图 18　动圈麦克风

在电容式麦克风（见图 19）中，膜片形成一个电容板（因此得名）。电容器由一对平行的金属板组成，其间有一层薄薄的空气或其他不导电的材料（称为电介质）。将一块金属板连接到电池的负极上，电

池就会给这块板充电。金属都含有自由电子，而另一
块金属板上的自由电子会受到和负极相连的金属板上
电场的排斥。被排斥的电子从平板中流出，从而使金
属板带正电荷。因此，现在整个电容器上都有一个电
压（称为极化电压），麦克风可以随时工作了。膜片
板随着声波的压缩和膨胀而移动。巨大的电阻阻止电 71
荷快速逸出，因此声波被转换成电压波动的模式。电
容式麦克风具有良好的频率响应特性，在实验室和声
级计中被用作测量麦克风。它们对突发声音的反应也
比动圈麦克风快。

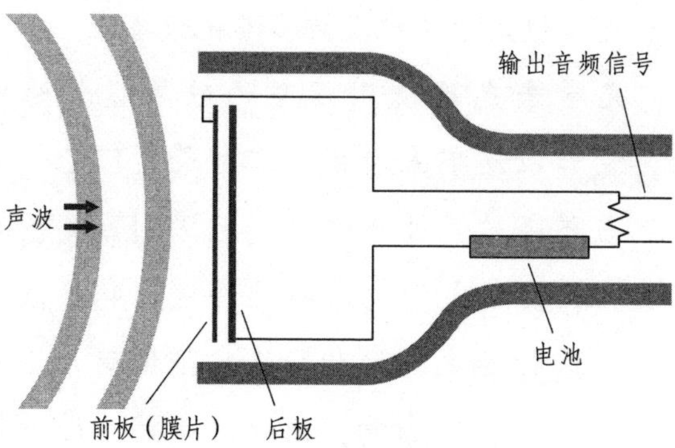

图 19　电容式麦克风

晶体麦克风和陶瓷麦克风利用了压电效应，这种效应是利用了石英或其他一些晶体材料在受到轻微压

缩时会产生电压这一性质。大多数固定电话都使用这种麦克风，呼叫中心使用的受话器也是它。

出于我个人对历史或专业上的兴趣，我将其他类型的一些麦克风列在下面。

驻极体麦克风是由永久充电材料（在电学中相当于磁铁）制成的。它们的功能与电容式麦克风类似。

微电子机械系统（MEMS）麦克风是直接
72 蚀刻在硅片上的电容式麦克风，面积只有几平方毫米，而且价格低廉，特别坚固，这意味着它们可以被用于手机及许多其他设备中。

光学麦克风使用闪亮的硅薄膜作为膜片，它可以反射来自发光二极管（LED）的光。当薄膜被声波振动时，光探测器测量光的变化，然后电子电路将这些变化转换成电信号。这种麦克风结构紧凑、坚固耐用，不受局部电磁场的影响，因此，在病人进行核磁共振扫描期间，他们可以用这种麦克风和工作人员进行交流。

压力区麦克风是专门设计在硬反射表面附近使用的（如必须直接朝向舞台地板放置）。

对于传统的麦克风，麦克风表面的反射会干扰麦克风直接接收到的声音，但是压力区麦克风克服了这个问题，因为它的膜片离麦克风表面非常近，以至于大多数波长都会重叠。

带式麦克风使用金属带而不是小的膜片，与鼓膜和大多数其他类型的麦克风不同，它对金属带两侧的压力差产生回应。这意味着金属检测到的是随声波移动的空气分子的速度，而不是声压模式。通常解说员会在嘈杂的环境中使用这样的麦克风，因为来自四面八方的声音会同时影响金属带的两侧，从而使得麦克风不会对这些声音做出反应。在这个应用场景中，麦克风在靠近上唇的地方有个凸起，这有助于引导解说员的声音，使它只撞击金属带的一侧。

在嘈杂的环境中准确捕捉声音的另一种选择是**项链式麦克风**，这是一种小型的可以夹在物体上的驻极体麦克风或动圈麦克风。项链式麦克风的优点是体积小，要将它藏在衣服下面简直轻而易举。

声强探头由一对面对面的麦克风组成，它 73
测量同一声波不同部分的压力，由此可以计算出分子速度并进一步得到声强。

选择麦克风的一个重要标准是方向性。比如，理想的全向麦克风对来自任何方向的声音都有着同样的敏感度，在捕获完整的音效场景时常常需要使用全向麦克风。单向麦克风只能从一个方向接收声音，非常适合在嘈杂的环境中接收语音或歌曲。

除带式麦克风和声强探头外，只要声波波长比膜片的尺寸大，那么对这种类型的声波麦克风都是全方向的。如要使麦克风主要针对从正前方或正后方（双向）传来的声音敏感，只需让麦克风前后方都向空气敞开。膜片不会对四面传来的声波做出太大的反应，因为前部压力的升降与后部压力的升降非常相似。但是任何入射到麦克风正面或背面的波都会很容易地被接收到。

实现定向的一个简单方法是将麦克风安装在截面为抛物线的反射器的焦点上。只要麦克风比反射器小，这个抛物面的形状就可以将入射声波反射到膜片上。另一种选择是将麦克风安装在一个管道的末端，管道两侧有裂缝，以制造**枪式麦克风**（又叫远程拾音器）。声波沿着管道畅通无阻地传播，一直传到麦克风，但来自其他方向的声波则通过缝隙进入麦克风。

每一个这样的声音都会进入多个狭缝，形成许多版
本，每个版本都有不同的相位。因此，这两种版本将
在很大程度上通过相消干涉互相抵消。**霰弹式麦克
风**广泛用于户外录音，常常配合摄像机一起使用。不 74
过，这种麦克风对频率的依赖度很高。

从电到声：扬声器

扬声器与麦克风的原理恰恰相反。如果给一个动圈、电容、晶体或陶瓷麦克风提供一个变化的电流，这些麦克风将因振动产生声波（这样的麦克风因此被称为**互易换能器**）。大多数实际的扬声器是反过来的动圈麦克风，称为动圈式扬声器（见图 20）。顾名思义，一个电信号被传送到一个线圈（音圈），该线圈连接到一个锥形的膜片上。线圈包围着磁铁，信号在线圈形成的电磁场中使线圈和膜片发生运动。

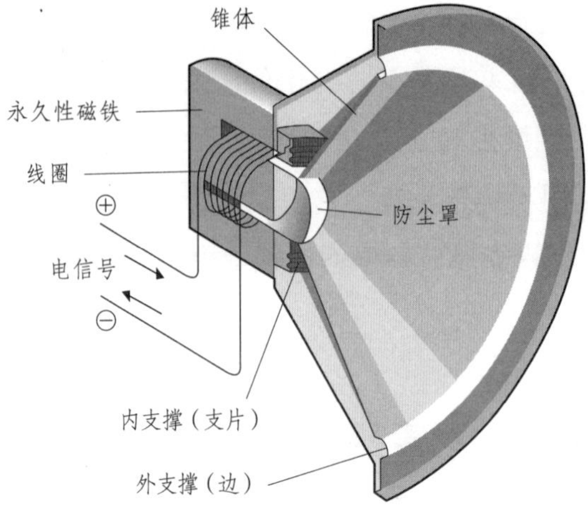

图 20　扬声器

75　因为扬声器对电能的利用效率比较低，大部分进入扬声器的电能都转换成了热能，只有大约 1% 的能量可以被听到。因此，放大是至关重要的。如今，有了晶体管，放大变成了一件很简单的事情，主要挑战变成了确保每个频率被放大到一个适当的程度。考虑到听觉系统的非线性属性，如果要保持输出声音音高不变，就必须对不同的频率进行不同程度的放大。谨慎地选择放大倍数非常重要。除了会对听力产生有害影响，扬声器也很容易被损坏，尤其是人为制造的声音，因为这种声音可能会在一个极短的时间内快速变大。此外，如果麦克风发送到扬声器的声音又反过来被麦克风接收到了，就会建立一个正反馈回路，导致一种我们非常熟悉的呼啸音产生。

扬声器是音乐生产链中最不高保真（Hi-Fi）的环节。虽然原理简单，但它们的设计会面临许多实际的挑战。扬声器必须保证当信号降至零时，音圈能精确地回到它的起始位置，而且在任何情况下都不会发生振荡，但是又必须处在可以自由移动的状态。锥体必须在振动时保持其形状不变，必须非常轻，但又足够坚硬，以免在重力作用下下垂。与此同时，它必须大到在低频时也能移动大量空气（足够强大的声波才能被听到），但又小到足以在高频时每秒来回移动超过10 000 次。此外，其外壳不能与任何频率产生共振。

实际上，分组使用扬声器要容易得多。这些扬声器通常都会组成一个单元，包括一个频率在 2000 赫兹以上的小型高音喇叭，一个较大的中频扬声器（50～5000 赫兹）和一个低音扬声器（30～800 赫兹）。对于那些喜欢低音的人，可能还会加一个低音炮（20～200 赫兹）。

低音炮通常是有源扬声器，也就意味着它们有自己的放大器（因此需要配一个电源）。其他大多数的扬声器都是无源的，由外在的信号进行驱动，这些 76
信号常常通过高保真（或其他）系统中的放大器进

行了增强。

一个没有外壳的扬声器几乎是无声的，原因很简单，扬声器前方产生的高压脉冲会悄无声息地溜到后方，填充刚刚在那里形成的低压区。因此，可以把扬声器放在一个密闭的盒子里。然而，如果盒子很小，当隔膜向外运动时，盒子里的空气很难被压缩。还有一种解决办法是将隔膜放在一个称为挡板的环的中心。挡板必须足够大，这样当压力脉冲跑到隔膜后面的时候，那里的低压区就已经消失了（换句话说，声波走的距离比最长波波长的 1/4 要长）。

亥姆霍兹谐振可以用来扩展扬声器在低频声方面的表现性能。在安装扬声器的盒子前面开一个孔，腔体就会与低频声音产生共振。如果盒子的共振频率低于扬声器的共振频率，当扬声器的膜片向初始位置移动（反射回波）时就会产生压力脉冲，脉冲在盒子中运动直到出现在盒子开口处，在那里它将与一个隔膜前方刚刚产生的新脉冲处于同相位。这两个同相脉冲会相互加强。这适用于一切脉冲，只要这些脉冲产生的声波频率在膜片和盒子的共振频率之间。

这样做的缺点是有时可以听到从端口吹来的气流，另一个缺点是声音不会那么清脆，因为每个信号后面都有一个短的衰减共振“尾巴”。此外，形成频率低于该端口频率的声波的脉冲会被来自膜片的后续波抵消。超过这两个共振频率的声波既不被增强也不被减弱。

我们的大脑非常善于填补声音的空白，我们可以 77
利用这一点来改善基频非常有限的扬声器。在自然界中，一组 200 赫兹、300 赫兹、400 赫兹和 500 赫兹的音调几乎总是基频为 100 赫兹的谐波（泛音）。因为大脑的听觉中枢（见图 16）“知道”这一点，所以它会自信地断定 100 赫兹确实存在。但是，如果一组音调来自一个小型扬声器，那么很可能实际上不会有 100 赫兹的音调。这种效应被称为缺失的基频，这也是为什么在埃皮达鲁斯剧院（见第 1 章）听那些缺失低频的音乐却不会觉得奇怪，因为观众的听觉中心自动补足了这些频率。这也解释了为什么尽管早期电话的低频传输信号并不好，但是仍然有相对足够的清晰度。

高性能麦克风、扩音器和扬声器使唱片业发生了革命性的变化，而且由于唱片本身不需要更改，这种变革可以快速进行。紧接着，社会也发生了变化，一时间，几乎所有人都能接触到音乐，并选择自己喜欢的音乐。

声音研究专家乔纳森·斯特恩（Jonathan Sterne）

称，这种新的声音媒体“对经验和存在的基础提出了质疑”。此外，这种声音媒体对表演者同样产生了深远的影响，正如音乐历史学家罗伯特·菲利普（Robert Philip）所指出的，许多人对他们在录制表演中听到的错误数量感到震惊。音乐学家马克·卡茨（Mark Katz）认为，这些表演者陷入了一个“反馈循环”，他们试图呈现出越来越多的“完美”表演，但当他们听到录音结果时，却一次又一次地失望。于是，表演变得不那么个性化，失去了自发性，开始更加标准化。听录音的体验也带来了另一种反馈，例如，小提琴颤音最初是一种留声机效果，但很快就被表演者模仿。

78 接下来的一次声音革命是 1933 年立体声留声机的发明。它是通过在凹槽的两侧分别录制互成 90° 以及与铅直面成 45° 的两个信道来实现的。立体声唱片的引入，意味着原则上可以再现整个原始表演的三维声场。这就产生了扬声器理想放置位置的问题，这一问题一直吸引着音乐爱好者。同时，也引出了“保真度”（fidelity）的概念，因为人们现在追求的效果是再现一个原始的表演。20 世纪 70 年代之前，许多流行音乐作品从未像现在这样演奏过，当时音乐的大部分内容都是在乐队离开后添加的，这种情况随着后期处理和混合技术的进步而有所改善。然而，对古典音乐来说，保真的录音仍然是关键。尽管数以百万计的业余爱好者和专业听众、录音师、表演者和演奏者对“保真度”有着数十年的兴趣，但我们仍然无法对“保真度”进行量化。

存储的声音

当扩音技术和扬声器的设计得到完善之后，人们主要担心的是记录的脆弱性。一种关于如何处理、收藏、清洁，以及经过训练后正确播放录音的文化因此形成了。自动换片器的出现让一部分人很高兴，不过另一些人则将其视为最令人扫兴的发明，还有人认为它是新兴的唱片破坏机。之所以会这样，一部分原因是自动换片器具有神秘感，另一部分原因是传统黑胶唱片，尤其是后来被称为专辑的**密纹唱片**（LP）质量极高，这让它们被尊崇的程度空前绝后，甚至至今仍有销售。

1964 年，模拟盒式磁带作为一种强大又袖珍的唱片替代品被引入市场，并开始流行起来。尽管磁带很容易买到，但许多人宁愿买一张黑胶唱片，然后（非

法地！）把它烧制到磁带上听，同时保持录音的原始
79 精度。无线电广播也可以用这种方法录制，组合音响由无线电、盒式录音机和唱机组成，因为它录制盒式磁带时最方便，所以变得很受欢迎。

但是磁带有两大缺点，选择音乐时转带子（倒退或者前进）耗费时间，而且不可避免地发出高频嘶嘶声。杜比系统的许多变体在一定程度上减弱了嘶嘶声。这些系统都是在录制一个音轨时将高频信号增强，然后在回放时抑制整个音轨来生效。这是一种叫作压展（压缩和扩展的合成词）的技术。

立体声使人们对研究新的声音设备充满兴趣，并取得了很多新成果，磁带的制作也进一步发展。混音带就是磁带制作上的一个新成果，另一个新成果则是索尼随身听，它让音乐爱好者无论身在何处都能听音乐，不过，这有时会惹恼坐在旁边的人。

我们需要做的是完全抛弃模拟录音，也就是说，将声音以连续变化的形式存储（无论是物理的，如黑胶唱片，还是磁性的，如盒式磁带）。在数字系统中，信号被编码为一串数字，以这种形式存储、传输或复制不会降低信号，也不会产生背景噪声。

乍一看，为了捕捉复杂声波的复杂性（如图 9 所示），我们似乎必须测量和编码该声波的许多点的

振幅。事实上，对声音的采样频率是希望保存的最高频率的两倍就可以了。因此，要编码一个包含最高频率为 8 千赫的信号，我们就必须以 16 千赫进行采样（这就是众所周知的**奈奎斯特定理**）。如果以较低的速率采样，编码的数据就会失真，这就是所谓的混叠效应。

1982 年，光盘（CD）的推出导致了从模拟到数 80
字的大规模转变。在 CD 上，数字编码的信号存储成光盘闪亮金属涂层上（塑料基片中）的深色凹坑，通过激光扫描即可读取，因为光盘上光滑的区域可以反射激光，但凹坑无法反射激光。CD 播放机将反射翻译为 1，非反射翻译为 0，1 和 0 的字符串将音频信息编码成二进制数字序列。

当然，如今购买、存储和播放音乐都是极为普遍的行为，甚至无须使用物理媒介。音频文件可以简单地下载到电脑上，通过各种设备播放。计算机通常是 MP3 播放器的一部分（MP3 原意是“动态影像专家组音频层Ⅲ”）。

MP3 音频文件的神奇之处在于它们携带的文件非常小，大约只有 CD 文件的十分之一，这意味着一分钟的 MP3 音乐可以压缩到兆字节。能够压缩到如此令人吃惊的程度，是依靠一种叫作**霍夫曼编码**的技术实现的。在这种技术中，出现概率高的符号用较短的方式进行编码。另一方面，该技术对那些一丢失就引起人们极大关注的频段（主要是语音频率）会进行更加充分的编码，而对那些不受人们关注的频段则轻描淡写。

由于 MP3 播放器在决定歌曲压缩过程中需要去掉哪些信息的同时，还考虑了音乐和听者，斯特恩得出结论：

> MP3 包含了对交流、听或说、“心灵的耳朵”如何工作以及对音乐创作的实际与哲学层
> 81 面的理解。每一个 MP3 的编码是由各种声音组成的一个世界，其中还有声音实践的整个历史。MP3 编码器通过计算不断变化的录音内容与声音间的间隙，并据此构建声音间的时间对应关系来形成文件。MP3 编码器工作得很好，因为它将想象中的倾听者定义为“非理想条件下的不完美的聆听者”，猜测这些听众不会一直将注意力集中于他们正在聆听的声音，而编码器的猜测经常是对的。

高效的音乐编码利用了这样一个事实，即经过数

十亿年的发展，我们的听觉系统已经进化到会对与我们最相关的声音做出反应。再加上声音本身的局限性，我们对声音世界的直接接触被限制在一个频率范围内，而这个频率范围只是实际存在的声音的一小部分。那些听不见的领域将是第 6 章的主题。

06

超声波和次声波

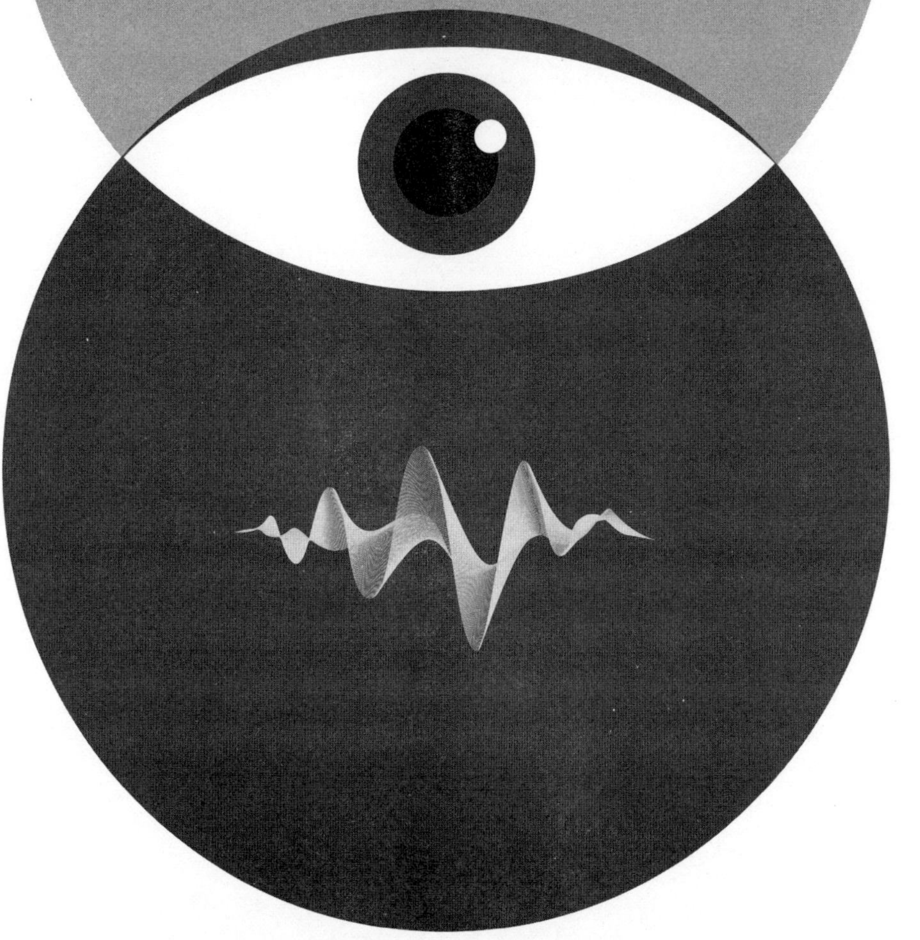

蝙蝠的声音

许多教科书会告诉你，你的听力范围在 20 赫 82
兹到 20 千赫之间，但你千万不能相信。如果你现在 20 多岁，那很可能已经对 17 千赫以上的声音充耳不闻了。随着年龄的增长，人类听力的高频极限下降明显且可预见。2009 年起，愤怒的商店店主开始使用一种被称作“蚊声器”（Mosquito）的高频声波发生器驱逐未成年人，因为只有青少年（以及儿童和婴儿）还有能力听到这种设备产生的恼人音调。我们这些对 17 千赫的声音都充耳不闻的人则不会因为这些音调而感到不适，这表明能够听得到这么高的音调对演化并没有什么好处，否则我们早已经演化出更强健的听觉系统了。

尽管如此，我们还是错失了一种演化的良机，并不是因为我们错过了超声波特别丰富的声景，而是因为我们不能利用声音的一些便利的物理特性。这些特性在我们能听到的频率范围内是可以忽略的。然而，蝙蝠比我们要灵敏得多。

蝙蝠使用超声波的复杂程度令人震惊。在漆黑的
夜晚，一只拥有 80 厘米翼展的埃及果蝠可以轻易地
在两根垂直杆之间飞行而完全不触碰到杆，即便两根
83 杆之间的距离只有 53 厘米。为了完成这样的壮举并
展开捕猎行动，蝙蝠使用回声定位技术产生超声波并
对它们听到回声的延迟进行计算，以获得附近物体的
距离。

失明的人会根据回声时延来判断自己到墙壁的距离，但他们最终得到的并不是世界的视觉景象。考虑到可听声的波长，他们不可能得到关于环境的全部景象。想象一个码头矗立在平静的湖面上，微风吹过，形成了大约 1 厘米波长的波纹。这些波纹一圈圈地从码头的柱子上反弹回来（见图 21）。后来，大风来了，产生了更大的波浪，这些波浪从柱子上滚过，仿佛柱子不在那里一样。同样的原理也适用于声波，声波只受比波长更大的障碍物的影响，它也只能探测到这样的障碍物。

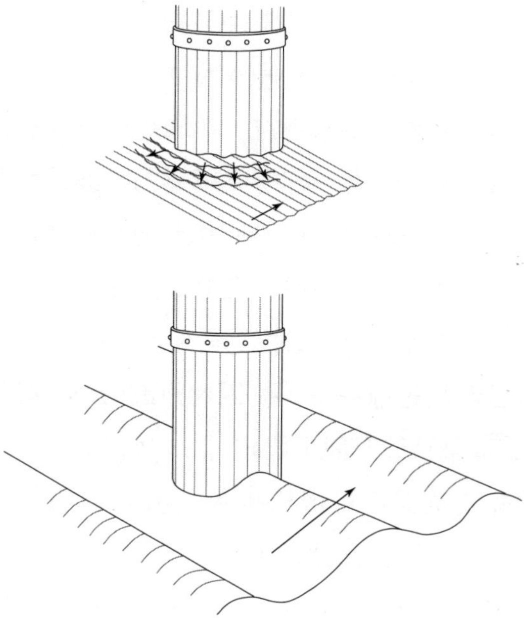

图 21　涟漪与波

因此，如果一只蝙蝠试图靠回声定位一只蛾子，发出了一个人类可以听到的音调，比如中央 C。中央 C 的波长是 132 厘米，只有当蛾子的大小超过 1 米时，蝙蝠才能够成功测到。要检测一只 1 厘米的蛾子，至少需要 33 千赫的声波。事实上，蝙蝠通常会发出 80 千赫的声音（较小的种类能发出更高的频率，范围在 40～120 千赫）。如此高的频率使得它们不仅可以处理孤立物体的位置，还可以处理树枝、树叶和昆虫的复杂三维分布。其中许多物体相互之间都在相对运动，而且都在相对于蝙蝠运动。

连续不断地发出超声波，对蝙蝠而言没有任何好处，其结果是蒙太奇一样令人困惑的声波重叠和干扰性回声，无法被解码。蝙蝠所需要的是脉冲声，且声音必须是短暂的。如果两个飞蛾相距 1 厘米，想要产生独立的回响，声音脉冲必须在到达第二个障碍物之前就已经越过前一个了。因此声波的波长必须不到 1 厘米，而且持续时间不能超过 30 微秒。

84 蝙蝠或机器不可能产生单一波长的短时间持续脉冲，除非该波长比脉冲本身短得多。相反，蝙蝠发出非常尖锐的咔嗒声。根据傅里叶分析，我们知道这样的咔嗒声相当于不同频率的波的混合（见 49 页图 12），而且咔嗒声越剧烈（也就是说，它从安静状态变化到最大值的速度越快），产生的频率范围就越大，这样就可以更准确地判断距离。

那对蝙蝠来说，最理想的声音是持续时间极短的一
85 个咔嗒声吗？并不完全是，短时间的咔嗒声意味着声音的能量很低，那它就不能传播很远而不消退。人类在设计雷达和声呐系统时也面临着这个问题。1960 年发明的频率扫描技术解决了这个问题，它利用了一个相对较长的频率逐渐增加的脉冲，并在相当长的时间内可

持续产生大量的能量，因此频率的范围也会比较大。而频率的变化意味着位于不同距离的物体的回声可以通过其频率的差异来区分。

当蝙蝠使用这种扫频技术时，脉冲持续 2～3 毫秒，在此期间频率下降（而不是像人类扫频器那样上升）约一个八度。蝙蝠产生这种脉冲越多，它收到的信息就越多，所以它通过修改咔嗒声的频率来应对不同的挑战。从寻觅猎物时发出每秒约 10 个脉冲到面临复杂环境或接近猎物时提高至以每半秒为周期发出 100 个脉冲。

如第 2 章所述，如果造成回声的物体在（相对于声源）运动，声音的频率将会因多普勒效应而改变。人类和蝙蝠的声呐系统利用这个效应来确定这些物体的速度，然而不同之处在于，我们的系统测量频率的变化，而蝙蝠修改它们的输出脉冲的频率，直到它们听到的回声不再变化，就仿佛目标是静止的。例如，如果一只蝙蝠正接近一个物体，则从物体返回的回声的频率不断上升，蝙蝠会因此降低它输出的频率，使回声的频率降低到与蝙蝠原来的频率相匹配的程度。

一种不同的声音

超声波和可听声的另一个物理区别是，超声波很容易形成声束，这对蝙蝠来说也是相当有利的。一个80千赫的音穿过1厘米的开口，将形成一个锥形声
86 束，在1米距离之内扩散到约90厘米宽（见框9）。对蝙蝠这个以鼻孔发射超声波的物种来说，两个声源之间的干涉现象意味着声束之间的间隔进一步缩小。这不仅集中了声波的能量，使蝙蝠可以探测到更大的距离，还减少了分散注意力的侧面回声的数量。2015年一项关于蝙蝠接近饮水池的研究表明，蝙蝠接近水的时候嘴巴会张大，就很有可能是为了减少侧面回声的数量。

框9

声音通过开口时的衍射：

衍射角度满足：$\sin(\theta/2) = \lambda/d$

其中，开口直径为d，波长为λ。

毫无疑问，自然演化为蝙蝠提供了用于生成和探测更高频率声音的生理装备，但空气对这些声音的吸

收却是一个无法逾越的障碍。实验表明，在蝙蝠最喜欢的环境下（25℃，50% 的相对湿度），100 千赫的声音每米有 3 分贝被空气吸收。也就是说，在 1 米的范围内，这种声音的声强会下降到原来的一半左右。相反，30 千赫的声音只以每米 0.7 分贝的微弱速度被吸收，这意味着它们的声强下降了约 15%。（声音的吸收随着频率的增加而增加，这也是雷声在近处听起来如爆竹般噼啪响，而在远处听起来却轰隆隆的主要原因。）

为什么会这样呢？因为空气是由分子组成的，所有的分子都在以一定的速度随机移动，并经常相互碰撞。在炎热的天气里，这种分子运动的速度会增大。事实上，温度只是对一大群分子运动速度的一种度量（见框 10）。声波是一系列在空气中交替移动的高
压和低压，所以在声波到达的任何特定位置，空气分 87
子都会先聚集在一起，再分散开来，然后再次聚集在一起。当分子聚集时，它们会减速。就像一个人逆着人群的方向匆匆穿过拥挤的车站，人数越多，速度越慢。分子越多，速度同样也会越慢。当这种情况发生时，分子的能量就会发生变化。虽然分子移动得更慢了（换句话说，它们的动能下降了），但旋转变快、拉伸变多，因此这些分子的内能反而上升了。

框10

气体的绝对温度（以开尔文计）与动能 $\frac{1}{2}mv^2$ 成正比，其中分子质量为 m，分子速度为 v。

这一情况可以类比为由坚固的钢弹簧连接的一对板球，也就是一个相当精确的双原子（两个原子）分子模型，就像构成了我们大气 99% 成分的氮（N_2）和氧（O_2）的分子。在通过声波的压缩部分之后，分子再次分离，转速变慢，拉伸程度下降，并以更快的速度运动。按下钢琴上的中央 C，发出的声波产生的能量以每秒 262 次的频率在动能和内能之间来回转换。

但如果频率足够高，能量转换的时间就会变得非常短，以至于一个分子无法在反转之前足够快地完成内能到动能的转换。结果就是，声速下降，声波迅速消失。这些变化开始时，声波实际的频率取决于它所处的介质，且固体和液体中的声波频率远高于气体中的声波。介质的其他特性，特别是黏度，也与这种效果有关。

88 这种现象对我们非常有用。当超声波衰减时，它的能量通过介质传播，并使其升温。这种热效应有许多应用，包括通过体内组织的升温以改善血液流动，或治疗受损的肌肉和关节。

医学超声检查

超声波还有很多其他的医疗用途，包括胎儿扫描（几乎所有发达国家的人都在出生前接受过扫描）和超声治疗（比如用 25 千赫的声波与水射流一起去除牙垢）。与其他许多医疗方法不同，超声波可以瞬间开启和关闭，且只需要低成本的技术，而且通常患者只需要最简单的准备工作。超声波发生器相对便携且只需少量辅助设备的特点意味着它们可以在医疗之外的领域使用，包括许多健身房中使用的透热疗法（深层加热）仪器，还有部署在战场上的伤口热凝系统——这个系统专门用于拯救可能因失血过多而丧生的士兵。

超声波已被用于治疗多种肿瘤，包括除此之外无其他手术方法的一些脑癌。这种技术被称为**高强度聚焦超声**（HIFU）或**高强度治疗超声**（HITU）。除了通过加热肿瘤组织（在米粒大小的区域里加热至约 90℃）来破坏它们之外，超声诱导肿瘤中气泡的形成也是常见的疗法，超声诱导后化疗将更加有效。使用超声波来治疗这类需要精确定位的疾病的主要挑战是，超声波束的传播受限于人体组织的密度和弹性。因此，由人造组织模拟材料制成的人体部件模型被用来校准和编程设备。

89 超声波在医学上的一个更直接的应用是碎石术。在这种方法中，高功率脉冲仅需在原位敲打肾结石，将它们粉碎成小到足以随尿液排出体外的颗粒。

超声波扫描

超声波最著名的用途之一是扫描胎儿。由于传统扬声器的膜片移动速度不够快，无法产生合适的兆赫频率，因此使用了压电发射器。将凝胶涂在腹部，这样就没有空气层来反射或吸收声音。超声波在具有不同声阻抗的介质（如骨骼、肌肉、皮肤、羊水等）之间的界面反射，通过精确测量回声从这些界面返回所需的时间（每种介质中声速不同），就可以计算出它们的距离。通过移动超声波束，可以测出详细的三维图像，并将其转换为实时视频图像。

像大多数扬声器一样，压电发射器是由它产生的振荡电流往复产生声波。另一方面，当被声波击中时，它会产生电信号。因此，在胎儿扫描仪中，扫描仪的探头既是超声波的来源，也是超声波回声的检测器。

利用极高频声波束可以生成相当精确的图像。1 兆赫（100 万赫兹）的信号可以显示毫米尺度的图像细节，而检测结果的精确度取决于被检查组织的声学性能。并且，现在许多扫描仪已上升到 15 兆赫，眼睛和皮肤用的扫描仪甚至可以达到 50 兆赫。

但与声学显微镜产生的 80 亿赫兹信号相比，这简
直是小巫见大巫，因为声学显微镜可以观察到 0.03 微
米尺度的细节。但不幸的是，如此高频的声音还没传 90
播到 1 毫米外，就会被几乎所有类型的介质吸收，唯
一的例外是液态氦。注意，如果没有保存在温度低于
5 开尔文（−268℃）的环境中，液态氦就会沸腾。
由于需要精密冷却系统，声学显微镜的价格会比较昂
贵。即便如此，我们还是要使用声学显微镜，因为它
们可以探测到样品的表面以下，特别是一些难以从视
觉与周围环境区分，但对声音有很强反射的材料。

在医学领域之外，超声波最常见的诊断应用之一是检测缺陷和裂纹，例如在铁路修建方面。为了定位这些缺陷，人们沿着被测试的物体发送一系列的音爆。在脉冲回波模式下，发射器和接收器被放在一

起，如果存在缺陷，脉冲被反射，它们的到达时间能够表明缺陷的位置。在传输模式下，探测器和发射器是分开的，传输过程中脉冲的任何变化都表明测试对象中存在不均匀性。这种方法也可用于测定固体中的机械应力。由于材料的弹性模量在受到应力时发生变化，它们的声速也会发生局部变化。

超声波的力量

虽然大功率超声的热效应有许多应用，但它也可以通过对介质的机械作用来传递能量。枪虾就是一个在自然界中比较罕见的例子，它利用超声波（连同可听频率）产生的冲击和压力来捕猎。当这种动物猛夹它的虾螯时，会发出响亮而突然的咔嗒声，其频率高达 200 千赫，足以杀死或击晕猎物和潜在的捕食者。

无论是虾还是人类，超声波的机械能通常是通过**气蚀**传递的。气蚀是指微小气泡的形成和剧烈坍塌。
91 基本上所有的液体都含有这种气泡，要么由它们自己的蒸汽构成，要么由空气构成。当液体的压力下降时，这些气泡就会膨胀（这就是打开一个装有汽水的加压容器时产生泡沫的原因）。因为声波是由一系列的高压和低压组成的，它会使气泡迅速膨胀和收缩，在高功率和高频率的情况下，气泡的振动非常剧烈以至于产生破裂和内爆，同时以热能的形式释放出它们的振动能量。其产生的温度甚至可能会超过太阳表面的温度，并能使液体发光（一种被称为声致发光的现象，枪虾也能引发这种现象）。

因为能量只会在很小范围内出现，所以液体不会全都变得特别热。但是，高浓缩能量的爆发可以用来引发化学变化（声化学），或者清洁和消毒需要在水下清洗的物体，比如某些医疗器械。基于气蚀的清洗在 20～50 千赫范围内最为有效。在更高的频率下，超声波还会搅动液体，在 100 千赫到 1 兆赫的范围内，液体搅动在清洗效果中占主导地位。在实际生活中，超声波清洗浴缸就同时应用了这两种原理。

高功率超声（无气蚀化）常常被用于电路板印刷中的无焊剂焊接，其中电烙铁的电热头以超声波频率振动。在更高的功率下，非常精细的线可以通过由超声波振动引起的摩擦从内部加热而焊接在一起。这样做的一个好处是，由于加热效果仅限于非超声（充声）电线，超声波不会加热附近的元件。还有一些其他依赖超声波焊接的材料，其频率的选择取决于要焊接的零件的大小，范围从小零件的 60 千赫兹到大零件的 10 千赫。

高功率超声波甚至可以用来举起小物体。虽然它
们所产生的力是微弱的，但在微重力环境中，例如在
92 空间站内部，它们可以在组装过程中使精密仪器的位
置保持稳定，或者防止高度活跃的化学物质接触到任
何设备。

外部极限——声子

在极高的频率下，声音的表现形式与我们所熟悉的完全不同。就像电磁辐射，最高频率的电磁波的表现形式不像是波而更像粒子（因此盖格计数器可以通过一个个的咔嗒声记录下伽马射线的存在）。表现形式更像粒子的那些最高频的声音被称为声子。人类是间接发现声子的存在的。在 19 世纪末，人们已经知道要使一种物质的温度升高 1℃，需要特定的热量。水的比热容比油的比热容高，这就意味着烧一壶水比烧一壶油要花更长的时间。

气体和固体也有特定的热量，但有一种异常现象令人不解。提高固体的温度所需的热能大约是提高相同数量的气态物质温度的两倍。这意味着固体（和某

些液体）一定有某种储存热量的方法，而这种方法是气体无法获得的。这个原理就是振动。固体中的分子可以像钟摆一样围绕其平衡位置振动。但是，与钟摆不同的是，振荡分子不能逐渐变慢。量子力学定律要求它必须从快速振动跃迁到缓慢振动。当它这样跃迁的时候就会把一个声子的振动能量传递给另一个分子。固体传导热和传导电的方式可以通过声子的行为来解释。

次声波

随着声音不断接近人类听觉频率的下限，声音刚好能被听到的声强就会升高。正好能被听到的 20 赫
兹纯音比正好能被听到的 4 千赫声音的声强（在其他 93
条件相同的情况下）高出近 3 亿倍。这种强大的低频声音在空气中很少见，但在建筑工地、地铁站、高速公路附近以及地震活跃地区，我们很容易就能感觉到这种由固体传播的声音。

另一方面，通过空气传导的低功率次声波一直环绕着我们。它们甚至可以在我们走路的时候产生。由于我们头部的上下运动，耳朵的循环气压变化在我

们周围形成了一个约 1 赫兹的次声波。海浪能够产生 0.2 赫兹左右的次声波。所有声音中频率最低的自然声音都来自高空和地下深处，极光和火山产生的次声波约为 0.01 赫兹。

次声波的主要特征之一是它的传播距离比可听范围内的声音更远，并能穿过海洋、地面或空气。在空气中，几千千米外的次声波很容易被探测到（例如，由火山爆发产生的次声波），尽管通常不是靠麦克风。就像我们通常是靠感觉，而不是靠听觉来发现次声波。我们使用专门的气压计来测量次声。次声也可以通过它引起的温度变化来检测。

有证据表明，次声对人类的影响与其他类型的声音明显不同，其中就包括增强情绪反应。现代古典音乐会加入次声，同一支乐曲在一场没有次声伴奏的音乐会中会有更多的人更讨厌或喜欢。另一些实验也证明，驾驶员暴露在次声环境下，很快就会感到非常疲劳。甚至有人认为，次声是使人们产生幻觉的原因之一，部分原因是直接的情感影响，部分原因是眼球的振动会引起视觉障碍。

94 次声已被证明是探测火流星的可靠手段。火流星是一种在飞行中爆炸的流星体。由于它们在大气中超音速飞行，下落时会产生富含次声波的音爆。更多的次声波是在火流星爆炸时产生的。所有这些空中的次声到达地面时会产生固体中的次声，当火流星碎片撞击地球时会产生表面波。将所有这些声音的频率、时间和振幅结合，我们就可以对火流星的路径、运动和能量进行详细的分析。

次声在地面传播时对我们的影响更大，而超声在水下传播时才真正地如鱼得水。我们将在第 7 章中介绍这些声音传播的媒介。

07

水下和地下的声音

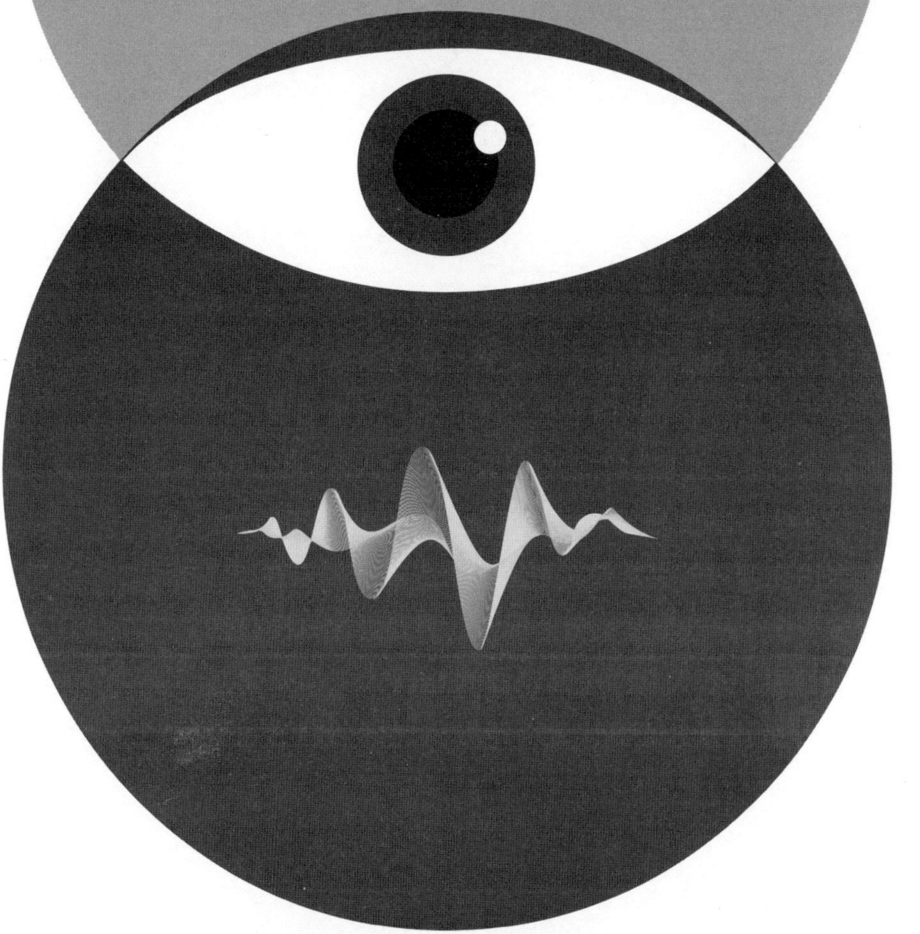

第二种视力

如果我们的世界一直笼罩在雾中，可能我们就会 95
极少使用视觉，而更多依靠听觉。假设这种雾是无线电波无法穿透的，那我们的通信系统无疑也会在声学上发生改变。海洋就是这样一个世界，水中有许多悬浮粒子，能见度很低，且无线电波在其中很快就会消失。但水里充满了声音，鱼类、海洋哺乳动物、人类潜水员、潜水艇和水下机器人，它们都用声音来进行微妙而复杂的感知、交流，有时甚至还会利用声音发动攻击。

这对不到100年前的科学家来说是闻所未闻的。实际上，列奥纳多·达·芬奇（Leonardo da Vinci）在1490年左右指出："如果把你的船停下来，将长管的一端放在水中，另一端放在耳边，你就能听到离你很远的船的声音。"但当时没有人注意到他的这一论述。

在第一次世界大战期间，人们才开始尝试倾听船在水下的声音。而直到第二次世界大战，水下声景才变得丰富起来。这在一定程度上是由两个奇怪的事

96 件引发的。1942 年，部署在切萨皮克湾（Chesapeake Bay）用于探测德国潜艇的声学浮标全部同时发出警报。一队驱逐舰“满怀热情”地向这片海域发动了深水炸弹袭击，但没有发现任何泄露潜艇踪影的油迹，受到攻击的只是成千上万条鱼。同年晚些时候，在美国西海岸，所有的感音水雷（这是为了保护港口不受任何带螺旋桨的东西的袭击，以防日本入侵而安装的）同时爆炸，结果造成大量海洋生物死亡。

如果美国军方对一种叫黄花鱼的鱼类有更多的了解，就可以避免许多类似的悲剧。尽管外表不起眼，但这种棕色的小动物拥有非常响亮的声音，有点儿像放大后的啄木鸟声音。就像鸟儿一样，每天清晨这些鱼会聚集在一起发出声音。

鱼类的嘈杂几乎完全出乎生物学家的意料。一直以来，有一种深入人心的误解，即海底就像人们传说的那样寂静无声。事实上，虽然海洋经常被开发用于沿海和国际旅行，并作为人类食物的来源，但除了道听途说的有关海怪的奇闻和沉没城市的传奇故事之外，人们对海底的东西基本一无所知，甚至很少有人去推测。黑暗的水下世界对人类是完全陌生的，似乎没有人类可以涉足的地方。甚至水手也把深海视为禁区，他们中的大多数人甚至没有学会游泳。虽然艺术家、作家和心理学家常常把海洋看作原始自然的狂野领域，但他们的注意力却仅仅局限于它粗糙的表面。在这个表面之下是一个不活跃的区域，不见天日，暗淡无光。

20 世纪 40 年代初，人类开始使用水听器（水下麦克风）聆听并揭示了“寂静的深渊”到底有多吵，探测到人类听力频率范围以外的各种各样的声音。声音的来源多种多样，而且其中大多数是无法识别的。 97
在一些地方，最大的声源竟然是枪虾群。事实上，上层海洋区域从来都不是平静的，它的背景音由波浪、雨水、闪电以及海洋生物产生。在浅水区，旋转纷飞的沉积物是一种额外的、无处不在的声音来源。

听到水下的声音

表面上看，海洋的静默有两个原因，一个是物理上的，另一个是生物学方面的。物理上的原因是空气和水之间的声阻抗不匹配，海洋表面就像一个声波反射镜，几乎能将海面下的所有声音反射回去，所以陆地上的居民只能听到海浪的拍打声。

将你的头浸入水中，生物学上的原因就显现出来了。在水下，耳膜的一边是水，另一边是空气，因此声阻抗的不匹配再次阻止了大多数声音进入耳朵。如果我们没有鼓膜（也没有充满空气的中耳），我们就可能在水下听得很清楚。

水下动物不需要人类这种复杂的耳朵。由于周围水的密度和动物身体的密度相近，声音进入和通过它们的身体都很容易，水下动物不需要耳郭来收集声音，也不需要鼓膜或类似鼓膜的圆窗结构来将它从一种介质转移到另一种介质。鱼确实有被称为耳石的耳骨。其成分是碳酸钙，碳酸钙的高密度提供了足够的声阻抗差，让声波引发振动。这种运动传播到生长在毛细胞上的立体纤毛上，向大脑发送神经信号。其他被称为神经丘的毛细胞分布在鱼的皮肤上。

还有两个结构也可以增强某些鱼类的听力。第一
98 个是鱼鳔，它是一个充满空气的囊，功能类似潜水艇的压载水舱，根据需要改变所受浮力从而使鱼可以不费力气地下沉或上升。鱼鳔作为一个相当灵敏的听觉器官，很容易感受到声波的振动，它能听到3千赫左右的声音。然而，作为一个单一的、对称的器官，它有一个很大的缺点，即鱼鳔不能提供声音的方向信息。

这个缺陷由第二种结构弥补，即侧线，一个

沿鱼身两侧分布的充满液体的管道，作为在低频（160～200 赫兹）环境下的一个方向敏感的声音探测器。人耳静纤毛在声波引起基底膜振动时随之摆动，不同于此，侧线静纤毛直接被传入的声波推拉，这意味着声音的方向可以被直接感觉到（也就是说鱼能感觉到水分子的运动，而不像我们一样通过压力变化来感知）。这使得人类很难悄悄地接近鱼而不被发现。

各种技术和传感器

最早在水下使用声音且能被称为“技术”的是贝尔系统。在这个系统中，放置在港口附近的水下钟可以被装有原始水听器的船只探测到。这种原始的水听器采用带有防水外壳的碳质麦克风。一个看守人在船上用立体声监听这套系统，这样即使在能见度很低的情况下也能把船引导到港口。在 1875—1930 年，这个系统被安装到许多船只上，包括“泰坦尼克号”和“卢西塔尼亚号”。到 1923 年，英国海岸还有 30 个水下钟。但从大约 1910 年开始，该系统逐渐被回声测深技术所取代。回声测深技术是在水下发出声音并对回声进行计时，当水下声速已知时就可以计算出距离。这也是脉冲回声技术的另一个例子。

从探测回声开始，现代声呐（声音导航和测距）
系统逐步发展起来。在主动声呐系统中，持续时间
99 短的声音脉冲被船只投射出去，在它所遇到的物体
上反射。除了确定距离，我们还能靠收到的脉冲频
率的变化来计算声源的相对运动速度（借助多普勒
效应）。

被动声呐系统只能简单地监听水下声音，尤其是船舶发出的声音。自动声音识别技术可以通过发动机的声音甚至是电子系统的嗡嗡声来识别不同类型的船舶。事实上，每艘船舶都有其显著特征或声学指纹。这种技术在冷战时期对于识别及跟踪敌舰和潜艇具有非常重要的意义。主动和被动声呐系统有时被部署在浮标（声呐浮标）上，浮标装备通过搭载的无线电系统来报告它们探测到的东西。

水听器是水声工作的关键仪器。现在使用的几乎都是压电材料，通常是基于一种叫作 PZT（铅和锆钛）的合成陶瓷。与麦克风不同，水听器有时必须具有非常大的规模才能在低频率下识别方向性。因此一部分潜艇的侧面几乎完全被水听器覆盖。这些所谓的“侧翼阵”通常由聚偏氟乙烯（PVDF）制成。

要在水下使用扬声器功能，就需要水声发射器。与扬声器相比，水声发射器有一个局限性，即当声波由水面向水下移动时，声波会变得稀薄，如果压力稀薄到低于周围水的压力，就会产生空化现象。气泡分散并吸收声音，使水声发射器静音。深度越大，水压越高，水声发射器在空化发生前需要产生的声功率就越大。

在高功率的应用中，如石油和天然气勘探类的地
球物理测量中，气枪被用来产生水下声音。在这些情 100
况下，一个小的空腔充满压缩空气，由于继电器突然释放压力，空腔迅速形成一个大气泡，伴随而来的是巨大的爆裂声。脉冲频率在 20～200 赫兹，振幅也非常高，这可能是除大型爆炸外，海洋中最“响”的人造声源。声音穿过海床，从下面岩层之间的界面反射回来。利用非常长（长达 10 千米）的水听器阵列在水面附近对反射的声音进行成像，最终观测结果被计算机处理后可以形成一个三维地图。

虽然水声发射器在原理上只是反过来的水听器，但它们的物理设计往往是不同的。最广泛使用的类型就有蘑菇[1]形压电换能器（Tonpilz transducer）。几个

1 Tonpilz 在德语中是“唱歌的蘑菇”。

PZT 压电陶瓷片在电极之间夹成一叠，末端是锥形或圆柱形的质量块，也就是水声反射器的工作端。这种压电换能器可以产生 2～50 千赫范围的频率。

对于包括信号和距离传感在内的许多水下应用，常常需要借助具有方向性的声音。就像在空气中一样，如果一个声源产生的声波波长小于换能器表面的宽度，那么它就会自然地具有方向性。但是因为声速在水中比在空气中要大 5 倍，那么特定频率的波长也比它在空气中对应的波长大 5 倍，所以更难判断其方向。

一种制作定向声源的经典方法是使用参数阵列。如果两个声源产生的波只有频率相差一点，那么就会产生频率为声源频率之差的波（差分波），以及频率为声源频率之和的波（加和波）。差分波的波长根据需要可以为任意长，但它保持了其生成波的方向性。

101 参数阵列利用了声速依赖于密度这一事实。在高声能下，压缩体中的压力变得非常大，密度显著增加使得声波会短暂加速。密度变得稀疏时，情况则刚好相反。这些速度变化的影响会扭曲波通常的正弦形式。

这在高功率超声波中也很常见。正如傅里叶指出的那样，非正弦波等价于分量正弦的和。考虑参数阵列的情况，这些分量包括原始波，以及加和波与差分波，其中差分波是我们感兴趣的一种波。参数阵列也可以在空气中使用，可以使音频听起来更具方向性。

电磁波在水面以上可以完成的大部分任务，在水面下都可以通过声波完成，但声音有一个不可避免的缺点，即它在水中的速度远低于空气中电磁辐射的速度，这意味着扫描需要更长的时间。同样，当波被用来发送数据时，数据传输的速率与波的频率成正比——而音频声波的频率大约是无线电波的千分之一。由于这个原因，超声波成为一种替代方案，因为它的频率可以与那些无线电波的频率相匹敌。超声波的另一个优点是更容易产生定向波，且只向你想要的方向发送信号。然而缺点是吸收比例随声音频率增加而增大，所以频率范围是有限的。

传遍全球的声音

声音在水下传播的距离是惊人的。据称，在发动机驱动的船只大量出现之前，南极的鲸类能听到它们远在北极的同类的声音。声音能够传播到如此大的

范围，部分原因是声波在水中的吸收要比在空气中少
得多。在 1 千赫时，空气（湿度为 30%）的吸收率约
103 为 5 分贝 / 千米，而海水的吸收率仅为 0.06 分贝 / 千
米。此外，声波在水下受到的限制比其在空气中要大
得多。在空中发出的噪声向四面八方传播，但在海洋
中，海床和海面限制了垂直传播。

水下声速变化范围也大得多。因为温度、压力和盐度的影响，水的密度会产生巨大变化，从而影响声速（见框 11）。随温度变化而引起声速极速变化的海水层被称为温跃层，在大多数海洋中温跃层的形式都是类似的。天气晴朗的时候，海洋最上层区域的特征是温度随深度增加而迅速下降，因此声速也随深度增加而下降。正因为晴朗的天气在夏天更常见，因此形成了众所周知的季节性温跃层。在此之下是主温跃层，温度和声速随深度增加而继续下降，与季节无关。主温跃层底部（其深度随纬度变化较大）温度稳定在 4℃左右，再深处温度也基本没有变化。在这个深部等温层中，压力成为决定声速的主要因素，声速随深度的增加而增加，如图 22 所示。

框11 水中的声速

最精确的方程是勒罗伊－罗宾逊公式：

$C=1\,402.5+5T-0.054\,4T^2+0.000\,21T^3+1.33S-0.012\,3ST+0.000\,087ST^2+0.015\,6Z+0.000\,000\,255Z^2-0.000\,000\,000\,007\,3Z^3+0.000\,001\,2(\Phi-45)-0.000\,000\,000\,000\,95TZ^3+0.000\,000\,3T^2Z-0.000\,014\,3SZ$；

其中，C 是声速，T 是温度（℃），S 为盐度（百分比），Z 为深度（米），Φ 为纬度。

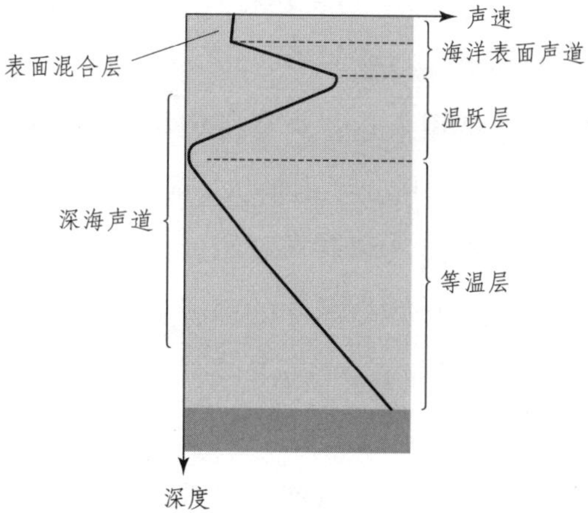

图 22　水下声速图

所以在海洋中的某个地方总有一个声速较低的层，夹在声速较高的区域之间。由于折射作用，来自上面和下面的声波都被转移到这个声速最小的区域，并被困在那里。这就是深海声道（deep sound channel），它像一个薄薄的球形外壳，延伸在世界各地的海洋之中。

由于声波在深海声道只能水平移动，其声强下降程度只与声音传播距离成正比，而不是距离的平方，这是因为它们只会在同一温度的空气或水中传播（换句话说，它们以环状而非球面分散）。深海声道的吸声率非常低（对频率有很强的依赖性，但对于 4 千赫波，吸声率约为 0.2 分贝 / 千米），所以深海声道的声波可以很容易地环绕地球传播。

深海声道被用来建立**声音定位和测距**（SOFAR）
104 系统。该系统于 1960 年由澳大利亚－百慕大声波传输实验发起，在澳大利亚靠近印度洋一侧海岸上的赫德岛附近引发了爆炸。爆炸的声音在距离 2 万千米之遥的百慕大被探测到。SOFAR 系统的研究人员还发现了一种新的、意想不到的声音，后来被确定为长须鲸的叫声。长须鲸在很久以前就发现了深海声道的存在和特性，并定期造访深海声道，借此向它们遥远的同伴发出信号。

SOFAR 系统为**海洋气候声学测温**（ATOC）系统开辟了前路。ATOC 系统通过测量大范围的平均声速来计算全球海洋温度，从而帮助量化气候变化。

天气的变化导致海洋环境变化，从而导致海洋出现一系列暂时的声学异常状态，包括将大多数声音排除在外的阴影区，以及允许长距离传播的暂时的声音通道。由于在行进过程中速度的反复变化（这是由于温度和盐度的变化），沿着暂时声音通道传播的声音就像那些在深海声道传播的声音一样，在传播过程中高度失真。在 20 世纪 90 年代，各种来历不明的声音非常怪异。其中最著名的可能是**海洋怪声**，它使人们产生了一系列丰富的想象。

然而，海洋怪声最有可能是来自远处的冰山扭曲崩裂的声音。

地球的声音

声波很容易在固体中传播（见框 12），其他类型的压力波也是如此。但并非所有的地震波都是声波。P 波（初级波）是纵波，即一系列压缩波和稀疏波。其速度由地面的密度和弹性决定，因此是声波。然

而，S 波（次级波）是横波，因此不是声波。P 波和
105 S 波都是震波，它们在地球上传播，被地下的地层折射，为我们提供了有关地球结构的信息。地表地震波也多种多样，但没有一种是声波。

框12

在气体或液体中，声音的衰减可由斯托克斯定律给出：

$$\alpha = 2\eta f^2 / 3\rho v^3$$

其中，α 为衰减幅度，η 为动态黏滞性，f 为频率，ρ 为密度，v 为声速。

许多大型动物能够发出并听到低频的声音，比如非洲象，原因很简单，它们的声带很大，移动相对缓慢，它们的叫声中甚至有一些是次声波。这对它们来说是相当有利的，因为次声传播远而衰减小（非常粗略地说，空气中 10 赫兹的信号传播距离比 100 赫兹的信号远 100 倍，比 1000 赫兹的信号远 1 万倍）。

声音在地下的衰减情况是极为多变的，但通常比在空气中要低得多。母象利用次声波来吸引雄象（空气中可传播 3 千米以上，而在地下可传播 10 千米以上），

并与它们的幼象联系。大象还能利用次声来探测 500 千米以外的雷暴（找到雷暴就能找到水源）。2004 年，斯里兰卡的大象逃离海岸，可能是因为它们听到了即将到来的海啸产生的次声波。大象通过发出隆隆声或跺脚来产生信号，而大象跺脚时也可以通过一种叫作“帕西尼安小体”的振动感受器来探测地面的声音。

人类对地下声音的利用至少可以追溯到公元132 年，当时中国制造了第一台地震探测器——地动仪。地动仪是一个有一圈金属青蛙（蟾蜍）的黄铜容
器，每个青蛙嘴里都衔着一个金属球（铜球）。地震 106
的发生和方位是由某个方向上的球体下落来表示的。

从远古时代起，地下的声音就一直是人们恐惧和惊奇的来源，在演化的进程中，这种感觉可能已经在我们的大脑中根深蒂固。从我们祖先的经验来看，这些声音伴随着雪崩、火山爆发、地震和其他有极强破坏性的自然灾害。它们既能被感觉到，又能被听到，这进一步增强了它们的影响力。感觉到坚实的地球在脚下移动和颤抖的确是一种令人不安的体验。难怪在许多文化中，地下的黑暗世界被认为是死者的住所。

然而，尽管人们对地下声音一直有负面印象，它却一直被用于战争中。在早期的战争中，地道中的敌人有时会因为他们在地下发出的声音被发觉。甚至有记录表

明，人们可以通过将盾牌砸向地面时发出的声音来判断地下是否有地道。在第一次世界大战中，利用从战壕墙壁的不同位置探测到的信号，可以通过三角测量来估计敌军在自己战壕中的位置。在第二次世界大战中，波兰抵抗运动花了很长一段时间在地下监听和跟踪头顶上的德国士兵，而德国士兵也在用同样的方法跟踪他们。

地下声音探测器被称为地音探听器（geophone）。直到 20 世纪晚期，地音探听器的工作原理还与动圈麦克风相同，磁铁因地面波而移动，从而产生绕其周围的感应电信号。如今 MEMS 成功取代了动圈麦克风（见第 5 章），一块微小的硅被安装在一个精致的支架上，由于地下声音的振动而开始移动。反馈系统会停止这种运动，它所施加的力会提供关于声音的精确信息。但 MEMS 设备相对来说不太敏感，只能用于监
107 测活跃地震带。所有实际应用的检波器都是高度定向的，通常被用来响应来自地面正下方的声音。

勘探

勘探通过利用地下声音得到了长足发展。通常在地下引爆炸药的时候（在地下没有类似扩音器的装

置），它所产生的波会在不同材料层间的界面上反射，并被一组地音探听器探测到。

固体中应变产生的超声波被称为声发射，用对它进行的测量和定位来检测各种结构的裂缝。其应用范围包括检测飞行中的飞机和伦敦眼[1]。这就是所谓的结构健康监测。即使一个看不见的小裂缝刚刚开始形成，也可以在瞬间触发警报。声发射还被用于研究焊接过程中裂纹的形成，检测携带高压流体的管道中的损伤，并确定钢筋混凝土内部的腐蚀量。

地下核试验很难用其他方法识别，它产生的独特声音大多是次声波。**全面禁止核试验条约组织**（CTBTO）不断使用地音探听器（连同深海声道的水听器，探测来自海底岩石的水下声音）监测地球。这一地下和水下探测器网络使 CTBTO 得以监督国际禁试条约，一旦核试验的确发生并被监测到，人们就能计算出试验地点。

这一章集中讨论了我们听不见的声频区域，尽管许多科学家希望我们能听到这些声音。在第 8 章中，我们将注意力转向那些我们不得不听到，却又不想听到的声音。

1 伦敦眼是世界上首座、同时截至 2005 年最大的观景摩天轮，为伦敦的地标及著名旅游观光点之一。

08

纷扰之音

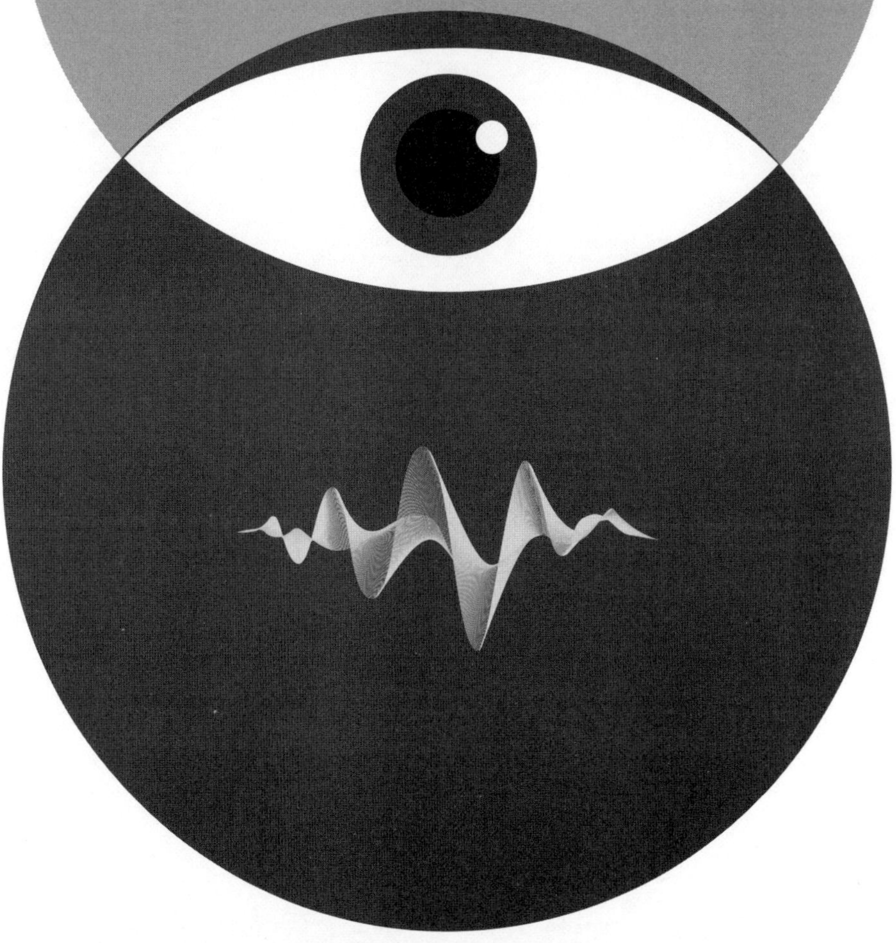

噪声的性质

噪声是什么？这是类似“时间是什么”的大问 108
题。对于这种问题，有人可能会回答：“在被人问到之前，我还以为自己肯定知道。”更糟的是，“噪声”在两个不同的领域有完全不一样的“身份”。在科学领域，噪声是一种外界的声波或电磁能量；在通信领域，噪声是指任何不是信号的东西，换句话说，它不携带信息。信息可以是通过电话线传播的声音，也可以是超声波扫描中胎儿的身体结构。噪声的量越大，就越难将信号从中分离出来，因此就有了信噪比的概念。

一旦识别出噪声，消除它就相当容易了。发生在特定频率的电路中的噪声（例如电源发出的 50 赫兹的嗡嗡声）通常可以用滤波器处理，因此可以只保留有意义的频率。但坏消息是，电子学中一种非常常见的噪声形式是白噪声，它存在于所有我们感兴趣的频率范围。当它通过扬声器到达人耳时，听起来就像嘶嘶声。这样的噪声没办法轻易滤除，但人们可以滤除携带信号的频带以外的所有频带。虽然在信号波段仍然存在白噪声，但总体信噪比将有所提高。

109 然而，对大多数人来说，“噪声”是指任何听者不想听到的那些声音。一个号手可能会对自己演奏出的声音非常满意，当然不会把它当成噪声，但不管从技术上看他的演奏有多么优秀，邻居都很可能认为这是噪声。双方都是对的，一个人的音乐可能是另一个人的噪声。这就触及了“为什么噪声如此难以消除”这个问题的核心。幸好，几乎每种声音都至少有一个人喜欢它，而对有些人来说，周围环境必须绝对安静，其余任何声音都是噪声。对我们大多数人来说，听起来是噪声的声音有三个共同的特征——猝不及防、响亮、无音调。为了找出这些共同特征的原因，我们需要思考为什么我们能听到声音。

祖传的遗产

我们有听觉，是因为我们的祖先有听觉；而我们祖先有听觉，是因为没有听觉的那些“人”被自然淘汰了。在我们祖先可以听到的诸多声音中，有几种与生存相关。例如：突然的咆哮声、弓弦“砰”的声音、脚下树枝的断裂声、头顶的雷声，这些都是危险的信号，而它们的共同之处在于突然性，这正是今天我们对突发性噪声有即时反应的原因。就像小鸟看到捕食者时会突然停止鸣叫一样，突然的寂静与突发的声音有同样的意味。因此，在时钟停止滴答响，空调关闭，或者持续的雨突然停止时，就会无比寂静，而这种寂静很常见。事实上，我们周围任何意想不到的声音变化都可能是一种恼人的噪声。每个司机都有这样的体会，一个新的引擎发出的细微噪声会对他造成多大的愤怒和担忧，不管司机多努力地去提醒，无感的乘客根本无法从背景音中分辨出这种噪声。

但是，为什么我们会对那些似乎与我们的祖先面对的任何危险信号无关的声音感到烦恼呢？比如半夜屋外街上聊天的声音，或者在火车车厢内其他人播放音乐的声音。

答案在于声音的一项关键社会功能：展示力量，尤其是对空间宣称所有权。我们习惯于认为每个人都有一个如影随形的私人空间，不请自来的人是不受欢迎的。如果有人用他的声音侵入了那个空间，就像有人真正侵入空间一样令人讨厌，这两个例子的重点都是声音的目的性。如果坐在你旁边的人打电话给别人却净说些废话，而不是接到一个真正重要的电话，你是不是会觉得他更加惹人讨厌？

一个人是否会让别人觉得吵闹也取决于他和听者之间的关系。例如，历史学家肖恩·怀特（Shane White）和格雷厄姆·怀特（Graham White）在对美国奴隶制的研究中发现：黑人福音传教士的布道虽然被教会的会众认可，但对美国白人基督徒而言却完全是噪声，这是因为他们布道的声音和信息的传播范围远远超出了他们自己的圈子。另外，文化中的礼仪规范也很重要，在不同的国家，图书馆、就餐时间和葬礼上可接受的声音响度水平差别很大。

公共交通、公共空间或开放式办公室都可能成为令人生烦的环境，人们经常淹没在他人的嘈杂声中。个体的声音既不能被识别，也不能被定位，但听觉系统还是不断地试图同时完成识别和定位这两件事情，这使得人们既难以忽视这些噪声，也难以逃离这个环境。即使一个人能够有意识地忽略这些声音，其心理情绪也不会中断，而且会不断产生压力，甚至还会产生由这种压力引发的高血压。

通常，重新获得私人声音空间的唯一方法是用自己的声场来填充，比如 MP3 播放器或智能手机。英国萨塞克斯大学媒体与电影教授迈克尔·布尔（Michael Bull）说："iPod 的泛滥可以被简单地理解为一种令人

愉快的中毒形式，在这里，用户所处的‘完全和解’ 111
的世界是一个不曾被入侵的梦想。就是说，iPod 能够同时直接介入世界和人的情感之间。”

有些声音是不能被忽视的，即使它们并不存在。这些所谓的“耳虫”通常是一些简短的音乐片段，大多是陈词滥调、靡靡之音。它们非常顽固地在人们的脑海中不断重复。广告使用的那些短曲尤其善于钻空子。“耳虫”虽然相当普遍且看起来很简单，但实际上很难找到科学上的解释。神经学家奥利弗·萨克斯（Oliver Sacks）认为，人们记住音乐的那些不同寻常的方式可能发挥了重要作用。回忆一个场景或事件涉及重建它，这意味着回想起来的内容会因人而异。然而，在回忆一段音乐时，一些更接近于直接复制原作的东西被保存了下来，用萨克斯的话说，这是一种“几乎没有防御能力的刻印在大脑中的音乐”，且我们对它的控制力相对较弱。也许是因为音乐，以及由此而来的“雕刻”过程在人类心智的进化过程中出现得相对较晚，才使得这种记忆难以控制。

音乐对大脑的影响更为深远。对一些人来说，音乐可能会导致癫痫发作；但对另一些人来说，音乐有明显的镇定作用，甚至可以减轻疼痛和高血压。音乐在治疗一些心理问题上特别有效，自第二次世界大战以来它就一直被用来治疗心理疾病。音乐也被证明对缓解一些帕金森病患者的症状有很大作用。

震耳欲聋

实际上噪声引起的听力损失问题是很严重的，它造成的损害可能很多年后才会表现出来。此外，我们能够对危险的高温或强光立即做出反应，但对噪声的防御反应却要弱得多。

112 我们的眼睛具有一系列的保护适应能力，最明显的是眼睑和收缩的瞳孔（或扩张的虹膜）。为什么耳朵什么都没有呢？没有耳盖的原因是，尽管失聪可能会缩短动物的寿命，但与被一只饥饿老虎成功伏击而立即毙命相比根本微不足道。我们的耳朵有一个和瞳孔相当的东西，虽然不是特别有效。听觉反射是由每只耳朵里的两块肌肉提供的，它们分别叫作镫骨肌和鼓膜张肌。当一个巨大的声音到达时，镫骨肌把被称为镫骨（以其形状来命名）的听骨从椭圆窗拉出来，而鼓膜张肌拉动附着在鼓膜上的槌状听骨，从而使槌状听骨变硬。结果就是声音被压制了。当我们说话时，镫骨肌通常处于紧张状态，来防止我们被自己的声音干扰。当我们吃东西的时候，鼓膜张肌也以同样的方式运作来减小我们自己咀嚼的音量。

声反射是引起**暂时性阈值偏移**（TTS）的原因之一，在这种情况下，我们认为比较安静的声音会变得完全听不见。不幸的是，要想使这种反射发挥作用需要一定的准备时间（称为延迟），通常在 45 毫秒左右，这比枪声或爆炸声等冲动性声音造成的破坏所需的时间要长得多。反射作用只是 TTS 的一个因素，其他机制尚不清楚。

超负荷的耳朵与其他被滥用的（生物的和技术的）测量仪器的不同之处在于，重要的不仅仅是噪声的声压级，能量也很重要。持续一秒的噪声或许只会让人感到讨厌，但如果持续一小时就有可能导致严重的听力受损。TTS 的数量与噪声出现时间的对数成正比，也就是说，时间延长一倍造成的效果远大于 TTS 的量翻一番。

然而，非常大的脉冲声，比如枪声，即使总能量
很低也会造成瞬间的伤害。据说，一名训练有素的听 113
力学家能够识别出开枪时没有戴耳罩的永久性听力损伤病人。恢复时间随音量的增大而增加，40 分贝的 TTS 需要数周才能恢复。如果噪声中有一个停顿，TTS 的数量就会大大减少。所以，如果必须长时间暴

露在噪声中（比如在一场足球比赛中），那么主动离开嘈杂的区域是最行之有效的方式，哪怕离开的时间只有短短15分钟。

根据大量关于噪声对听力影响的实验结果，许多国家的工作场所以及其他地方已经制定了噪声法规。它们对峰值噪声水平和暴露在指定较低水平下的时间进行了限制。

另一个问题是确定有多少人受到噪声影响导致听力损失。每个人听到高频声音的能力都会随年龄增长而下降。新生儿可以听到20千赫，大约40岁时降至16千赫，而60岁时下降到10千赫。80岁时，我们大多数人对8千赫以上的声音就完全听不到了。这种现象被称为老年性听力障碍（字面意思为“老年聋”）。由于噪声引起的听力受损通常也会影响听到更高频率的声音，而且随着年龄的增长，这种情况会越来越普遍，所以我们并不知道有多少损失是真正可以避免的。

在应对危险的高音量噪声时，我们采取的行动往往很有效，如果一定要找出缺点来的话，应该是对那些需要足够响才能激怒人的噪声还不够重视，而且这类噪声的数量非常巨大。例如，2008（英国）国家噪声调查发现，有26%的受访者曾被邻居的噪声惹恼过。受影响的人睡眠不足，注意力不集中，失去耐心，失去生活的乐趣（39% 的人说他们的生活质量受到了负面影响）。这种噪声还会加剧心理健康问题，导致社区紧张和社交孤立。

几乎没有人会否认，最好的方法是首先消除环境 114
中的噪声。如何做到这一点，以及如何有效地做到这一点，关键在于控制声音来源。对大多数发达国家和许多其他地方的居民来说，下列因素可能是噪声的主要来源：

- 空中交通
- 工业
- 邻居
- 社区
- 铁路
- 道路交通

此外，船舶噪声和风电场噪声对一些地区也有较大影响，而大部分地区不时受到建筑噪声的影响。

在这些群体中，邻居和社区的噪声特别难以处理，部分原因是制造者没有把它们归类为噪声，对听者而言，它们却应该被归类为噪声。这种困难使得声音历史学家卡伦·柏斯特韦德（Karin Bijsterveld）得出“噪声控制被‘控制的悖论’所掌控”的结论。专家和政客对于控制噪声的承诺实际上最终还是落到了邻居身上。他们也制定了非常复杂的应对政策来限制如飞机等其他形式的噪声，政策复杂到很少有人能接触或者理解，更别说批评了。

反击

除了部分友善的噪声和部分警告信号外，彻底消除噪声几乎是所有人的愿望。消除噪声能够实现吗?

在有些情况（不幸的是这种情况非常罕见）下，噪声是高度规则的，由一个或几个频率组成，并且只
115 有在一个小而明确的位置上会引起麻烦。这时，**主动噪声消除**（ANC）是非常有效的方法。ANC的工作原理是声波由压缩波和稀疏波组成。在压力图（见图1）中，这一点很明显，因为这条线先高于中点，然后低于中点。如果在第一个声波上叠加第二个声波，使得在原声波受到压缩的每一点上，新声波都具有同样幅度的稀疏度，这样就会产生完全的静音，声波的能量就会完全转化为热能。然而，在实践中，

这只能在非常有限的区域内实现，例如飞机驾驶舱、一些汽车的驾驶员头部区域，还有（可能最有用的应用）耳朵保护器的内部空间（见图 23）。

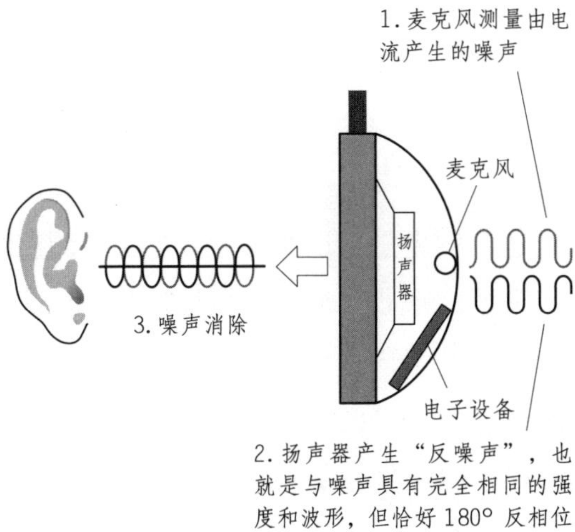

图 23　主动噪声消除技术

我们已经开发出了许多针对噪声消除的高效技术解决方案，并且所有这些技术都已经被投入应用了。现代交通工具非常安静，比过去那些不能提供强大动力的交通工具相比要安静得多，如今人们只看到数量 116
巨大的交通工具，而忽略了这一事实。但是，我们仍然有必要看看今天的机器是如何变得如此安静的，因为同样的原理在未来也肯定会适用，尤其是在新材料出现的时候。

噪声控制的首要原则是识别和消除噪声源。对目前最重要的噪声源——**内燃机**（ICE）来说，这是不可能的。噪声是由内燃机内部的爆炸产生的，而爆炸本身就有噪声。然而，正如第 3 章所解释的那样，我们的听觉系统并不能测量一个声音的总能量，它对 4 千赫左右的频率反应最强。让内燃机发出声音的频率低于这个频率是可以实现的，主要是调整燃料注入的时间和速度来改变燃料的燃烧过程，从而减少那些高频声音。

在处理了尽可能多的噪声源后，下一步是控制它。这方面，内燃机也很具挑战性，因为内燃机必须与周围的空气相连，吸入氧气并排出废气，而空气正是噪声传播的途径。为了减少噪声的排放，使用消声器是解决之道。枪支消声器其实就是这类东西，但只被用来降低枪击的声音。

消声器的基本原理有两个，大多数内燃机都会同时使用到两者。吸收性消声主要是通过在管道中加吸收剂来实现，这样，任何不垂直向下传播的波都能转化为热量。那些垂直向下的波也因为管道内衬削弱了波的能量。但是吸收性消声对低频噪声效果微弱，这时，用反应性消声器效果会更好，比如利用亥姆霍兹谐振器，将其调到最让人讨厌的声音的频率上。因此，这些频率的声音在消声器内部得到增强，它们的能量在那里被吸收。有一些消声器也使用主动噪声消除技术。

在接下来的几十年里，内燃机可能会在很大程度 117
上被电动发动机所取代。从技术上来看，我们无法解释发动机为什么不能达到完全无声，但是一辆汽车在接近行人的过程中不发出声音，这种情况可能是致命的。所以我们会为所有这些场景提供特殊生成的运行和警告声音（这可能对自行车也有价值，尤其是那些没有铃铛的自行车）。然而，这些都不非得是让人不愉快的声音，即使警报声也可以不让人感到惊慌。为了吸引注意力，“嘘”声可以达到同样的效果，却没那么烦人。

另一方面，喷气发动机在可预见的未来可能还会继续存在。在喷气发动机中，噪声的来源并不是燃烧的气体本身，而是当它们从发动机中高速喷出后与相对缓慢的飞机外部空气混合时的效果，由此引起的湍流是几乎所有噪声的来源。为了使混合过程尽可能平缓，人们付出了巨大的努力，让射流产生波纹，在中速空气中形成茧状，从而增大射流的圆周。在这种设计思路上再进一步就不得不严重损失推力了。但也有其他方法可以考虑。有一个想法已取得了一定的成功，即在机翼上方安装发动机。另一个方法是战略上的改变，比如使用飞艇来运输那些并不紧急的货物。

除最慢或最老式的车辆外，所有的车辆都采用了流线型设计，这样既能避免产生噪声，又能提高效率。流线型设计的重点一方面在于找出一个合适的形状，使气流滑过它时不会突然改变方向或速度而导致湍流；另一方面在于制造出光滑的表面。然而，对于汽车驾驶员而言，流线型所要处理的空气动力噪声在巡航和高速行驶时仍然是不可避免的。主要的声音来源通常是后视镜和 A 柱（那些支撑挡风玻璃两侧的柱子）。

118 对人行道上的行人来说，最大的噪声往往是由轮胎发出的，尤其是在混凝土路面上。低噪声的表面可以在很大程度上解决这个问题。目前可用的最好的沥青层有许多充满空气的孔隙（约占体积的 25%），但这样的路面成本高昂，而且不够坚固。另一种效果较差，但更耐用、成本更低的替代方法是使用约 2 厘米厚的薄沥青层。

曾经，机器的设计者根本不考虑它是否安静，噪声管理只是作为事后的一种补救或不可靠的常规做法

（比如在音乐厅地板下拉几根绳子，或在剧院舞台上摆放花瓶）。现在，机器通常经过精心设计和严格制造，能够保持相对安静，不过，工业机械的定期维护和家用电器的仔细安装仍然必不可少。

当噪声无法避免而又无法控制时，下一步就是把它的来源与潜在的受害者隔离开来。一种使用了数千年的方法是分区制。通过立法将产生噪声的活动限制在特定区域，例如远离居民区的工业区。第一个有记录的例子可以追溯到公元前 700 年左右，当时在爱琴海沿岸的希腊殖民地，锡巴里斯市中心禁止铁匠、木匠、陶工，甚至公鸡进入。

由于历史或地理因素使得分区隔离行不通的时候，设置声音屏障是主要的解决方案。一个只是让人们看不到噪声源的障碍就能减少 5 分贝的噪声水平，在此基础上，距离每多一米将额外减少 1.5 分贝。此外，屏障的密度必须足够大，比如每平方米 10 千克左右就足够了，这样就可以防止很多声音直接穿过它。由于屏障在很大程度上是反射而不是吸收，因此我们还要考虑反射的声音。除此之外，屏障的设计和施工都很简单，结果是可以预测的，成本也相对 119
较低。

一些临时噪声隔离屏障，即隔声屏障（acoustic

fencing）十分灵巧，可放置在建筑地盘的四周。小心放置，周全安排，不留下空隙的话，隔音效果将会非常好，在某些情况下减低的噪声可达 30 分贝。与永久性隔声屏障不同，临时性隔声屏障主要通过吸收来实现降噪。

隔声屏障最大的问题是它们并不让人觉得赏心悦目。这个问题可以通过在屏障和观察者之间引入植被屏障来抵消。如果在噪声和人群之间种植至少 10 米宽的植被，也有助于减少噪声。低频噪声（约 25 赫兹）主要是由铺满落叶的地面承担降噪工作，而高频噪声（超过 1 千赫）主要是通过树叶降噪，树叶的长度是声波长度的一半时效果最好。由于这两个原因，种植一些落叶植物（树和灌木的混合）是必不可少的，而且应当达到尽可能高的高度（高达 10 米，比这更高的话，从大树枝反射的效果则会降低）。在有风的日子里，植物的簌簌声可以提供另一个额外的好处，即分散人们对噪声的注意力。

在城市公园中，添加自然声源（声景）的方法尤其有效。在这样的空间中，最常见的改善声景的方法是添加喷泉，鸟鸣声（真实的或录制的）也有不错的效果。

安静的家居环境

在所有的空间中，最珍贵的是家，因为家是我们放松和睡觉的地方，同时它也是我们个人空间的延伸。因此，消除居家噪声是控制噪声的首要任务。最好的方法是进行良好的声学设计，包括选择合适的材料，以及正确地安装和维护。对已经建成的住宅来 120
说，良好的声学设计作为改造噪声的方案，更便宜、更美观，也更容易成功。

无论改造与否，减少家中噪声的基本方法很简单，一是阻止噪声进入，二是破坏已经进入的噪声，三是不要再制造更多噪声。声音有三种进入方式：通过入口传播；通过结构传递振动；以及将墙壁、窗户、门、天花板和地板作为通道进行传播。在这三种情况下，我们需要记住的主要一点是外壳的声学性能取决于它最薄弱的部分，就像船体上的一个小孔会使船的水密性能失效一样，双层玻璃房子上一扇开着的窗户也是如此。事实上，由于我们耳朵的对数反应[1]机制，噪声的影响比船中漏水的情况要糟糕得多。如果我们将船上两个相同的孔中的一个封住，水量将减

---

1 非线性变化，人耳对响度和频率的实际感受更接近对数变化。

半。但如果我们把一所房子上两扇相同的窗户中的一扇关上，进入的声音也会减少一半，可是那 50% 的声强下降所对应的，只是大约 2% 的响度下降。

防止噪声的第二种方法是双层玻璃窗，因为两个单层玻璃窗构成了很好的分隔。通过结构传播的声音是一个更大的挑战。如果声源在住宅内部，那么可以把那个房间处理成不利于声音传播的结构。但这种改造并不便宜，而且通常要对天花板、所有墙壁、地板及门做同样的处理。

一种廉价、适应性强且有效的解决方案是悬挂带有尽可能多褶皱的厚重丝绒窗帘，但这可能不是最吸引人的方案。如果需要更极致的方案的话，就必须得有专家参与解决了。还有一个显而易见的解决方案是加厚墙壁，要记住，墙体厚度每翻倍一次，声音的损耗只有 6 分贝（声功率降低约 3/4，但音量只减少 40%），这意味着墙要非常厚才能达到理想的预期隔音效果。

121 一个更好的方法是使用多孔吸收体和多层结构。像玻璃纤维这样的多孔吸收体，高频声波在其中传播时要多次通过其表面，会逐渐因反射而消失。低频波在空气或固体界面反射（声阻抗不匹配的另一个例子），也能用带气隙的嵌板和墙体处理。一个合适的隔音门也是至关重要的。

地板也不容忽视。即使下面没有房间，硬地板在产生走路时的噪声和在整个建筑中噪声的传递方面都很惊人。地毯和衬底对高频声波的隔离非常有效，但在隔离低频声波时几乎毫无用处，因此，如果你家里有一个安装在地板上的扬声器或一个外向的男中音，你就需要一些特别的东西。和之前一样，除了请一位专家帮忙，其实也没有其他更好的选择。

虽然在家里回声很少引起困扰，但公共空间设计中最大的问题就是回声。令人惊讶的是，数千年来，尽管对建筑师、表演者和观众来说，这都是一个棘手的难题，但在 1898 年之前我们都没有办法量化它。1898 年，华莱士·克莱门特·萨宾（Wallace Clement Sabine）将房间的回声时间定义为声强降至初始水平的百万分之一（−60 分贝）所需的时间（见框 13）。更有用的计算公式是萨宾推导出的一个基于经验的方程，这个方程允许从房间的大小和形状来计算这个时间，这样建筑师就可以预测回声时间了。

框13　萨宾方程

$$T = 0.161(V/A)$$

其中，T 为回声时间，V 为房间体积，A 为总吸收面积。除了高度消声的房间外，这个公式如今还在广泛使用着。

122 除非事先对问题的根源和周围的环境进行仔细调查，否则在一个特定的噪声问题上无论花费多少心思、金钱和专业知识，结果都将是无效的。如果门常常是敞开的状态，那么即使将普通的门换成隔音门也没用，噪声问题不会被解决。如果车流和人流会通过居民区的街道，那么仅仅对路上行驶的车辆进行限速，这对消减噪声也没什么用。这样整体降噪产生的问题远远超过消除噪声这个问题本身。安装吸声板能够带来的潜在益处必须能与它们同时会造成的视觉冲击相平衡。同样地，试图通过引入人工声音分散公园中的人们对交通噪声的注意，可能会造成更大的反感。把人从开放式办公室转到安静的小隔间可能会降低团队的工作效率。同样，虽然建造良好的房屋可以隔绝噪声，但这必然导致把居民关在里面，也隔绝了自然的声音，产生人际异化。正如戴维·亨迪（David Hendy）所说：“每当我们退回各自的声音场景……我们彼此成了陌生人。”

更广泛的观点

尽管听觉系统非常重要，但它们的性能对我们而言通常不是生死攸关的问题。不过，对有些水下物种来说，听觉系统却关乎存亡。对许多海洋动物来说声音极为重要，声音在水下的传播意味着一些海洋生物会因噪声的影响而陷入危险，尤其是鲸鱼和海豚。这种影响的范围尚不清楚，但有些影响是极其微妙的。由于鲸鱼通过声音信号与幼鲸交流，母子之间的联系很容易被外来的声音打断，这会导致幼鲸与母亲分开。在另一些情况下，巨大的不熟悉的声音对鲸鱼和海豚的惊吓作用非常之极端，导致它们快速浮出水面，肝脏和其他器官中形成氮气气泡而死亡（潜水员将这种情况称为“减压病”）。

水下噪声污染的成因有很多。除了船舶的声音，声 123
呐系统、爆破和通讯信号都增加了水下生物的负荷。幸运的是，现在人们已经普遍认识到噪声对动物的影响。

事实上，这种情况对潜水者而言危害更大，他们经常面临严重听力损伤的风险（由于这种影响往往与耳朵压力变化的影响相同，因此很难确定问题的严重程度）。

我们在陆地和水下与噪声做的斗争具有跨学科属性和公益性质，所以社会各界的合作至关重要。如果没有世界卫生组织等国际组织、各国政府、地方当局、英国噪声控制协会等专业组织以及公众的积极支持，我们就无法取得成功。能够把所有这些参与者聚集在一起的活动有“噪声行动周”和“国际噪音意识日”。

随着技术的进步，城市的发展，汽车旅行的普及，噪声源的增加，噪声污染已经成为许多人生活中不可避免的问题：无论是通过扬声器有意地、自私地制造的噪声，还是通过发动机和其他硬件不可避免地、无意地制造的噪声。科学可以尽可能地降低噪声，但去除噪声污染必须伴随着教育和立法，以确保噪声被大众视为污染物。

这样，制造噪声对大众而言将不仅仅是恼人而已，它将变得不可接受。虽然这似乎不切实际，但英国在禁烟方面确实发生了与之类似的变化，而且只花了几年时间。这一变化是通过国家和地方政府实施的一系列新法律，以及一个响亮而明确的信息——吸烟会导致严重疾病——促成的。如果我们用同样的方法处理噪声，也能产生彻底的改变。

在所有学科中，与声音相关的受众群体最广泛。124
通过了解声音，演员、广告商、航空航天工程师、汽车工程师、人类学家、建筑师、艺术家、广播员、建筑商、通信工程师、作曲家、设计师、生态学家、教育家、电子工程师、环境卫生官员、电影制作人、历史学家、海洋生物学家、音乐家、医生、物理学家、勘探者、心理学家、地震学家、社会学家、城市规划者、动物学家和许多其他人的工作效率将得以提升。

到目前为止，声学领域的许多方面都是各自独立的。但是在过去的几十年里，像声音采集、声音研究，以及设计更加私密和个性化的媒体系统等方法已经开始汇集来自各个领域的专业知识。这种合作往往受到狭隘观念的阻碍，但与此同时，这样的合作也让人们更意识到这个主题涉及的广阔范围和具有的巨大影响。掌握声音的原理能够带来大量实际的和情感的利益，将声音科学的众多分支交叉融合起来也能够创造许多新的应用场景，并产生新的认知。这样的发展对每个人都有利，对我们所有人来说，未来都值得期待。

全书完

名词对照

A

A权重	A weighting

B

半规管（耳部构造）	semi-circular canal
鞭裂	whip crack
布罗卡氏区	Broca's area

C

参考压力	reference pressure
参数阵列	parametric array
侧线	lateral line
侧翼阵	flank array
测量麦克风	measurement speaker
差频	difference frequency
《春之祭》（斯特拉文斯基）	*Rite of Spring* (Stravinsky)
纯音	pure tone
次声	infrasound

次谐波	subharmonic

D

大调音阶	major scale
单弦琴	monochord
镫骨肌（耳部构造）	stapedius muscle
低音	bass
底音	undertone
地音探听器	geophone
地震波	seismic wave
第一波前定律	law of the first wavefront
杜比系统	Dolby system
多普勒效应	Doppler effect

E

耳虫	earworm
耳道	auditory canal
耳声发射	otoacoustic emission
耳石	otolith
耳蜗	cochlea
耳蜗植入物	cochlear implant
耳语廊	whispering gallery

F

反射回波	backwave
反相	antiphase

泛音	overtone
方波	square wave
飞机惩罚	aircraft malus
分贝	decibel
分区制	zoning
弗利	Foley
辅音	consonant
傅里叶变换	Fourier transform
傅里叶分析	Fourier analysis
傅里叶级数	Fourier series

G

干细胞	stem cell
高强度聚焦超声，HIFU	High-intensity focussed altrasound
高强度治疗超声，HITU	High-intensity therapeutic altrasound
高音	treble
隔声屏障	acoustic fencing
共振	resonance
共振峰	formant
骨传导	bone conduction
鼓膜（耳膜、中耳）	eardrum
鼓膜（解剖）	tympanic membrane
鼓膜张肌	tensor tympani muscle

H

哈斯效应	Haas effect

海洋怪声	Bloop
海洋气候声学测温，ATOC	Acoustical Thermometry of Ocean Climate
亥姆霍兹谐振	Helmholtz resonance
亥姆霍兹谐振器频率	Helmholtz resonator frequency
行波	travelling (progressive) wave
和谐	consonance
和谐音程	harmonic series
核磁共振扫描	MRI scan
盒式录音机	cassette recorder
横波	transverse wave
互易换能器	reciprocal transducer
滑音	glissando
换能器	transducer
回声定位	echolocation
混响	reverberation
火流星	bolide
霍夫曼编码	Huffman coding
鸡尾酒会效应	cocktail party effect
基底膜	basilar membrane

J

降调	flat
节拍	beat
节奏	rhythm
结构健康监测	structural health monitoring

晶体管	transistor
静纤毛	stereocilia
聚焦阵列	focussing array
聚偏氟乙烯，PVDF	polyvinylidene bifluoride
绝对音准（绝对音高）	absolute pitch

K

柯蒂氏器	organ of Corti
控制的悖论	paradox of control
快速傅里叶变换，FFT	fast Fourier transform

L

老年聋	presbyacusis
量子力学	quantum mechanics
留声机	phonograph
流音（辅音的一种）	liquid
卵圆窗（耳部构造）	oval window
伦敦眼	London Eye
螺旋神经节神经元	spiral ganglion neuron
滤波器	filter

M

脉冲声	impulse
毛细胞	hair cell
密纹唱片，LP	Long-playing record
摩擦音	fricative

蘑菇形压电换能器	Tonpilz transducer
末端校正	end correction

N

奈奎斯特定理	Nyquist theorem
铙钹	cymbal
尼安德特人	Neanderthals
鸟鸣	birdsong
牛顿摆	Newton's cradle

P

帕西尼安小体	Pacinian corpuscle

Q

气管	trachea
气蚀	cavitation
切萨皮克湾	Chesapeake Bay
清辅音	unvoiced consonants
球面传播	spherical spreading
全面禁止核试验条约组织，CTBTO	Comprehensive Nuclear- Test-Ban Treaty Organization
全音符（音乐术语）	semibreve

R

人耳记音器	ear phonautograph
人浪	body wave
（人声的）基频	fundamental frequency (vocal)

乳突骨	mastoid bone

S

三极管	triode
扫频	frequency sweep
深海声道	deep sound channel
神经丘	neuromast
升号（音乐术语）	sharp
声带	vocal folds (vocal cords)
声道	vocal tract
声光效应	acousto-optic effect
声化学	sonochemistry
声景	soundscape
声呐浮标	sonobuoy
声谱图	spectrogram
声腔	vocal cavity
声速	velocity of sound
声透镜	Acoustic lens
声学显微镜	Acoustic microscope
声学指纹	voice prints
声压级，SPL	sound pressure level
声音编码	voice coding
声波定位和测距，SOFAR	sound fixing and ranging
声致发光	sonoluminescence
声子	phonons
声阻抗	acoustic impedance

十二平均律	equal temperament
拾音器	pickup
史蒂芬·平克	Pinker, Steven
世界声景计划	World Soundscape Project
世界声学生态论坛	World Forum for Acoustic Ecology
世界卫生组织	World Health Organization
视觉暂留现象	persistence of vision
斯内尔定律	Snell's law
斯托克斯定律	Stokes' law

T

胎儿扫描	foetal scanning
特纳奖	Turner Prize
疼痛阈值	threshold of pain
天籁音栓	voix céleste
调（音乐术语）	key
铁路奖励	railway bouns
听觉神经	auditory nerve
听力损失	hearing loss
听力学	audiology
听力阈值	threshold of hearing
听小骨	ossicle
突发声音	attack sound

W

微电子机械系统 MEMS	microelectromechanical systems

微电子机械系统麦克风	MEMS speaker
微分音	microtone
韦尼克区（大脑结构）	Wernicke's area
未来主义	futurism
五声音阶	pentatonic scale

X

氙气	xenon
《弦乐四重奏》(莫扎特)	*Dissonance Quartet* (Mozart)
相消干涉	destructive interference
相长干涉	constructive interference
小节	bar
小调	minor
谢泼德音调	Shepard tone
心理声学	psychoacoustics
信噪比	signal to noise ratio
休止符	rests

Y

压电效应	piezoelectric effect
咽鼓管	eustachian tube
衍射光栅	diffraction of diffraction grating
扬声器	loudspeaker
（扬声器的）挡板	baffle (of loudspeaker)
阴极射线示波器，CRO	cathode ray oscilloscope
音爆	sonic boom

音叉	tuning fork
音分	cent
音高	pitch
音圈	voice coil
英国噪声控制协会	Noise Abatement Society
有源扬声器	active loudspeaker
圆窗（耳部构造）	round window
缘上回（大脑构造）	supramarginal gyrus
远程声学设备，LRAD	Long Range Acoustic Device

Z

暂时性阈值偏移，TTS	temporary threshold shift
整流器	rectifier
中央C	middle C
主动噪声消除，ANC	active noise cancellation
主调	key note
主听觉区	primary auditory area
助听器	hearing aid
助兴音乐	muzak
驻波	standing (stationary) wave
浊辅音	voiced consonants
自动换片器	auto-changer
自动声音识别技术	automatic sound recognition
自动语音识别	automatic speech recognition
纵波	longitudinal wave

英文原文

Mike Goldsmith

SOUND

A Very Short Introduction

With thanks to
Richard Barham
Graham Carter
Mark Hodnett
Stephen Robinson
Hilary Whittle

Contents

List of illustrations

The sound spectrum

	Frequency in hertz
Low-frequency volcanic activity	0.01
Airborne infrasound from sea waves	0.20
Lower limit of elephant hearing	16
Minimum audible tone	20
Lowest piano key	27.5
Lowest recorded sung note	41
Middle C	261.626
Piano key A above middle C	440.000
A above middle C on Bach's organ	480
Highest recorded sung note	1,865
First part of blackbird song	2,500
Highest piano key	4,186.01
highest audible tone, aged 80	8,000
Highest audible tone, aged 10	20,000
Dental cleaning	25,000
Typical ultrasonic welder	30,000
Ultrasonic parking sensor	40,000
Upper limit of dog hearing	60,000
Typical bat scan frequency	80,000
Upper limit of bat hearing	110,000
Upper limit of beluga whale hearing	123,000
Typical fetal scan	15,000,000
Acoustic microscope	8,000,000,000

Chapter 1
Past sounds

Sound: 13.7 billion years ago

Sound has its origin far back in time, not long after the disappointingly silent Big Bang. In fact, sound waves formed as soon as there was a medium for them, which was 300,000 years after the beginning of everything, and thirteen billion years before there was anyone to listen.

The primordial sound was of a very low frequency, but powerful and omnipresent, and it formed when the plasma of the newborn universe arranged itself in pseudo-regular patterns through space. Galaxies eventually formed in the denser regions, including the progenitor of the world we live on and the sun we orbit.

Moving on a few billion years to the first days of Earth (about 4.6 billion years ago), there were sounds aplenty, passing through the solid planet's crust and its subsurface liquid areas, and bouncing and bending through its atmosphere. Eventually, the hot land cooled, rains fell, and oceans formed—oceans full of sound. So, the environment in which the first living things evolved was an acoustically rich one, which profoundly affected the forms, habits, and destinies of those creatures.

Hearing: 500 million years ago

For us, there is a clear distinction between hearing and feeling, but it's a very different matter for undersea creatures: sounds pass as easily through their bodies as vibrations do through ours, and, in fish, are detected by structures called neuromats, which are distributed over their body surface (fish have several other hearing structures too).

Neuromats contain hair cells similar to those in our ears and provide their owner with information about the strengths and directions of local sounds. They evolved perhaps 500 million years ago. To detect airborne sound, eardrums and cochleae are essential, and hence evolved once amphibians began to colonize the land, around 400 million years ago. Communication was probably the main spur to the evolution of hearing, since sounds have overwhelming advantages over visual signals: while the ability to make lights and change colours exists in some marine organisms, putting on a light show is far more challenging and narrower in range than making noise. Noises are made easily—as easily as breathing. In humans, breath-made sounds (precisely controlled by our big brains) gave us the power of speech.

Music: 40,000 years ago

The appreciation of music is a mysterious pleasure and an ancient one too: over 40,000 years ago Neanderthals probably had flutes and, by the time *Homo sapiens* emerged, no well-appointed cave dwelling was complete without a rock gong. It may be that the first humans sang; perhaps even before speech evolved. But why? Enjoying music has no obvious evolutionary advantage. Darwin himself was baffled, but suggested that a taste for music might arise through sounds made in mating rituals, and many echo this view today. Others, however, prefer the suggestion of evolutionary psychologist Steven Pinker that music is an auditory equivalent of cheesecake, which we enjoy not because that preference assisted our ancestors in surviving, but because many of the sensations cheesecake elicits are of evolutionary value in themselves: the sweetness of fruit announces its ripeness and creamy flavours suggest energy-rich fats. Or perhaps music reminds us of birdsong—the presence of which indicates that no large predators are around.

Harmony: 2,500 years ago

Today, sound plays a huge variety of roles in our lives. Many of our inventions are dedicated to its creation, transmission, storage, modification, or reproduction. But the conquest of sound is by no means a recent development: some of the most ancient artefacts we know are musical instruments, and acoustics was one of the first sciences; in 500 BCE or so, Pythagoras discovered that the sound made by a strummed string mingles pleasantly with one made when the string's length is halved. The 'distance' between the two sounds is an octave, by definition and by universal agreement the most harmonious of all pairs of different notes. Sounds almost as harmonious result if the string lengths bear other simple numerical ratios: if one string is one-and-a-half times the other, a *fifth* is produced, for example.

According to legend, Pythagoras made this discovery when he heard tuneful hammer sounds emerging from a forge where a number of blacksmiths were at work. When (being a budding scientist) he weighed the hammers they were using, he found that those pairs which made a pleasant sound had weights which were simple multiples of each other. The fact that this story is told to this day is surprising given that the frequency at which a hammer sounds is *not* fixed by its weight. Whatever actually piqued his interest, the instrument Pythagoras used to study harmony was the monochord—a device with a single string whose length can be set by a moveable bridge.

To Pythagoras, the fact that the pleasantness of sounds was defined through whole-number ratios suggested that numbers were the key to the universe. 'All', so he is supposed to have said, 'is number'. Today's scientists would agree, and, in its impact on scientific method, mathematics, music making, and acoustics, his discovery may be one of the greatest breakthroughs of all.

Although anyone who makes or plays a stringed instrument knows that tension, as well as length, affects the note a string makes (otherwise turning pegs to tune stringed instruments wouldn't work), this was not quantified until the 16th century by Vincenzo Galileo, father of the scientist, who showed that pitch increases with the square root of the tension. We now know that it also depends on the string's thickness and density.

The Greeks were interested in the practicalities of sound, thanks to their keen interest in making their voices heard: plays, orations, declamations, debates, songs, chants, and proclamations abounded. Perhaps their greatest acoustic structure is the theatre of Epidaurus, built in the 4th century BCE. The distance from stage centre to the back row is about 60 metres, yet actors can be heard clearly from any of the 1,400 seats: fifty-five rows in total. It is in these seats that the theatre's acoustic secret lies: the limestone of which they are made, their corrugated surfaces, and the spaces between them all contribute to absorbing sub-500 Hz frequencies and reflecting higher ones, quietening crowd murmur and enhancing performances respectively.

But there are disadvantages to open air speech, even in Epidaurus. With no ceiling to contain the sound, speakers must be very loud indeed, which is not only tiring but also tends to rob the voice of its subtlety. (Despite legends to the contrary, the Greeks lacked megaphones, which were not invented until the 1670s—simultaneously by Athanasius Kircher in Germany and Samuel Morland in England.) Background noise becomes far more intrusive too, though in the Greek theatres performance days would have been quiet, since the majority of the local population would be in the theatre.

Indoor public spaces solved these problems but introduced new ones: echo and reverberation. For an echo to *be* an echo, it must be heard more than about 1/20 of a second after the sound itself. If heard before that, the ear responds as if to a single, louder, sound. Thus 1/20 second is the auditory equivalent to the 1/5 of a second that our eyes need to see a changing thing as two separate images. (Hence, when camera frames move faster than this, we obtain the illusion of flowing movement. This 'persistence of vision' is what makes us see the rapid sequence of still images that make up a cinema film as a smoothly changing image.)

Since airborne sounds travel about 10 metres in 1/20 second, rooms larger than this (in any dimension) are echo chambers waiting to happen. Luckily echo can be reduced by covering hard surfaces with soft, fabric-covered objects, such as audience members.

There is of course more to sound than science or entertainment. Even wordless sounds come freighted with meaning, much of which was attached in prehistoric times. The lonely howl of the wind, a shocking scream of pain, the joyous songs of birds, the happiness of children's laughter: in these and many other cases, evolution has forged unbreakable links between sound and emotion. These emotional attachments have been exploited by us since ancient times: war cries, for example, have long been produced both to chill the blood of the enemy and to unite and rouse the courage of the attackers.

The modern world: acoustics and more

Following the work of the ancient Greeks, little research on the nature of sound was carried out until the 17th century, when Robert Hooke proved by simple demonstrations that frequency and pitch are linked. Although Isaac Newton suggested an equation for the velocity of sound, it was incorrect, and an accurate version was only derived by Pierre Simon Laplace in

Box 1

Frequency of a stretched string $f = \frac{1}{2l}\sqrt{\frac{T}{\mu}}$; length l, tension T, density μ (mu).

Velocity of sound v (or occasionally c from the Latin *celeritas*) $= \sqrt{K} / \rho$; elasticity K, density ρ (rho).

1816. Laplace showed that, to an excellent approximation, the velocity of sound depends only on the density and the elasticity of the medium through which it passes (Box 1).

The invention of the first electroacoustic devices in the mid-19th century led to revolutions in both the understanding and the control of sound: the microphone, telephone, and loudspeaker appeared in quick succession, spurring rapid developments in research, commerce, and the arts.

The 20th century and electronic engineering began together, with the inventions of the diode (the first rectifier, used initially for detecting radio signals) in 1903 and the triode (the first amplifier) in 1906. The development of electronics was greatly accelerated by the World Wars, which also led to the birth of underwater acoustics research through interest in submarine warfare and ship detection.

While the existence of sounds with frequencies too high to hear had occasionally been discussed in the 19th century, they were only investigated in the context of the upper frequency limit of human hearing. Even though such sounds could be made easily by sparks, whistles, air jets, or piezoelectric crystals, they remained of little interest until World War I, when it was realized that they might be pressed into service as part of what we would now call sonar systems. Soon after the war, further investigations revealed that such sounds had a range of unique properties, not all of which could be explained: they could kill living things, cause chemical changes, generate light and heat, and make wood explode in showers of sparks. It may be that they were called supersounds in part because of their strange powers. Although far less famous than X-rays and radium emanations, supersounds soon gained a similar reputation as secret forces wrested from nature by the tools of science, but still retaining a glamour of almost supernatural mystery and power.

It was the middle of the 20th century before the power of ultrasound was properly understood and exploited. By then, the use of amplifiable electroacoustic technology had truly transformed the world. Public speakers, formerly limited to audiences of a couple of thousand at the very most by the sounds of their voices and the sizes of their venues, could now talk to people in their millions, thousands of miles away—either instantaneously or a day or a century later. Life could be captured, recorded, and analysed as never before.

There were whole new fields too, including sound art; an ill-defined discipline with origins in the futurist movement of the 1900s to 1930s, and in the development of electronic music and good recording technology. Luigi Russolo's *Gran Concerto Futuristico* (1917) is an important early example, and a recent one is *Lowlands* by Susan Philipsz, a set of variations on a lament played over one another, which won the Turner Prize in 2010. A related area is ambient music (often called muzak by its detractors), which is designed to provide an appropriate background to public spaces. Brian Eno's *Ambient 1: Music for Airports* (1978) is a good example, and saccharine carols looped endlessly in supermarkets (accompanied by gloomy employees forced to dress as elves) is a bad one.

Ambient music is an example of an artificial soundscape, a concept popularized by Murray Schafer, who helped set up the World Soundscape Project in Vancouver in the late 1960s. The project led in turn to the formation of the World Forum for Acoustic Ecology in 1993. Schafer has been highly influential, in part through his galvanizing claim that acoustic environments can not only reveal the social conditions of those who inhabit them, but even predict how that society will evolve.

Applying Schafer's approach, economist and polymath Jacques Attali argues that changes in musical convention prefigure wider changes in society. Some have gone much farther than this; historian Alain Corbin argues that village bell ringing in 18th- and 19th-century French villages moulded social and economic relations there, and artist and writer Brandon Labelle says that 'my feeling is that an entire history and culture can be found within a single sound'.

More generally, the concept of the soundscape has enjoyed great popularity in a range of disciplines, though Schafer's definition of the term has been extended to take account of the relative and dynamic nature of an acoustic environment: technology historian Emily Thompson points out that it is 'simultaneously a physical environment and a way of perceiving that environment'.

In film, the construction of artificial soundscapes is achieved partly through sound effects. These have also been a mainstay of radio drama since its inception and, in the form of artificial thunder for example, have been heard in theatres since ancient Greece. In films, the craft of designing, producing, and synchronizing sound effects with events on screen is known as Foley.

No longer dependent on our ears to detect sounds or on voices and mechanical devices to make them, we can study and use sounds too low pitched, high pitched, or quiet to hear, and we can generate and direct acoustic beams with enormous power and precision, leading to applications in medicine, defence, mapping, and many other fields. Since World War II, serious attempts have been made to develop sound-based weapons, mainly by producing and directing extremely high-intensity beams. Perhaps the best-known example in current use is the Long Range Acoustic Device (LRAD), which projects either commands or unpleasant sounds. It has been used against humans and wildlife in several countries.

Alongside the deliberate and controlled development of sound, noise pollution has also spread through much of the world. The highly sensitive hearing systems that served our ancestors so well, and still allow our pleasure in music and our facility in speech, are now the conduits of annoyance, stress, and damage.

So while we have gained mastery of the production of sound, we are far from being able to control it. In order to have any chance of doing so, we need to understand its nature.

Chapter 2
The nature of sound

Two faces of sound

If a tree falls in a forest without anyone to hear it, does it make a sound? The dual meaning of 'sound', as physical phenomenon and sensation, provides a clear answer: yes and no. The relationships between the physical and sensual aspects of sound are complex, in that many of the impressions sound makes on us are related to its physical parameters but not reducible to them. So: high-frequency sounds sound higher pitched—usually. And more powerful sounds sound louder—on the whole. Furthermore, many sounds, from sirens to skirls and from lullabies to lions' roars, make emotional impacts on us which have only the vaguest relationships to their physical parameters.

The physical aspects of sound are far better understood than the emotional ones, so it is with physics that we should begin.

Pressure waves

Sounds are usually made by something moving in a cyclic manner: the diaphragm of a loudspeaker pulsing in and out, the gap between the vocal folds narrowing and widening, or a guitar string vibrating back and forth. It is the transmission of these motions to the surrounding medium (solid, liquid, or gas), and their progression through that medium, that constitute sound. In some cases the motion begins in the medium itself, such as the air in the neck of a bottle when one blows across it. Non-moving sources include sudden releases of heat energy, such as by explosions or sparks, and rapidly oscillating heat sources.

When the motion is that of a loudspeaker's diaphragm, the cause is a varying electrical signal with the same pattern as the sound wave that the diaphragm will produce. Each time the diaphragm moves out, it squeezes the air molecules immediately in front of it closer together, forming a region of high pressure. These molecules press on their neighbours, moving them closer together in their turn, and so a pulse of close-together molecules (a *compression*) moves through the medium, followed by a low-pressure area (*rarefaction*), which is produced as the diaphragm moves inwards.

The diaphragm then moves out again, making a second pulse. How often the diaphragm moves in and out during 1 second gives the frequency of the sound wave (in hertz, abbreviated Hz). The simplest sound wave is a pure tone as made, for example, by a tuning fork; a snapshot of the variation in air pressure with distance from such a fork would be a sine wave, as shown in Figure 1.

The distance between adjacent peaks (or troughs) of a sound wave gives the wavelength (λ). The sound will travel through the air at a velocity v, which will be around 340 metres per second at room temperature. The frequency (f) is given by the equation $f = v/\lambda$. A plot of the variation of pressure over time at a single point in

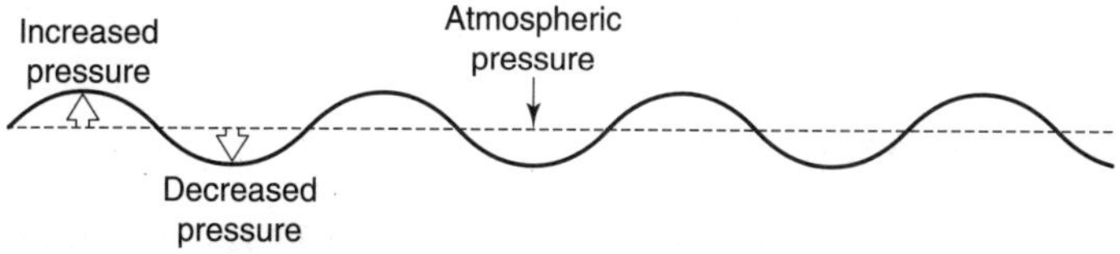

1. Sound wave pressure plot.

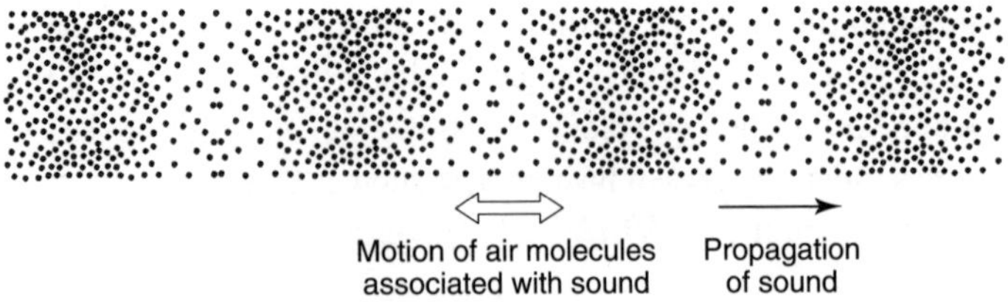

2. Molecular view of sound wave.

space is also a sine wave, so we could label the above x-axis of Figure 1 as 'time' if we wished.

Images like Figure 1 are so commonplace that it is easy to imagine they provide some kind of a picture of a sound wave, and many books use them in this way. In fact, however, there is no up and down (*transverse*) motion in a sound wave as there is in, say, an ocean wave—the only motion is of molecules shuttling alternately away from and towards the source, like the balls of a Newton's cradle. Such waves are referred to as *longitudinal*, and if we could see air molecules they would look something like Figure 2.

If a continuous sound originates from a point then it spreads in all directions, as an expanding sphere. If the detection area is small (like a microphone diaphragm or eardrum) and is several metres from the source, the curvature of the sound sphere is negligible, in which case the sound arrives in the form of plane waves. Even if the source of the sound has a particular direction to it (like most loudspeakers), the sound will still spread spherically, so long as the diaphragm is larger than the wavelength of the sound. For shorter wavelengths, the sound retains its original direction to some extent, and at sufficiently high frequencies will form a beam (see Chapter 6).

Carrying sound

The velocity of sound depends only on the elasticity and density of the medium (Chapter 1). In air, sound velocity increases with

Table 1. Sound velocities in different media and conditions

Material	Velocity of sound (metres per second)	Velocity of sound compared to that in air at 20°C, 80% relative humidity
Hydrogen at 0°C	1,286	3.73
Air at 0°C, 0% relative humidity	331.45	0.962
Air at 0°C, 80% relative humidity	331.70	0.963
Air at 20°C, 80% relative humidity	344.37	1
Water at 25°C	1,493	4.33
Seawater at 25°C	1,533	4.45
Diamond	12,000	34.85
Granite	5,950	17.28
Iron	5,130	14.90
Vulcanized rubber	55	0.16

increasing humidity and decreases with increasing temperature, but only because of the changes in density that these factors cause. Some examples are given in Table 1.

Because the velocity of sound in air increases with temperature, on days when the air many metres up is hotter than that near the ground, sound waves travel faster the higher they are. The effect of this velocity increase is to bend (*refract*) them downwards from the warmer air, returning to Earth some distance away, as shown in Figure 3. Sometimes sounds can be heard more clearly at a great distance than at a short one due to this effect. Refraction also explains why it is hard to hear against the wind: the wind near the ground slows the sound waves slightly (compared to the ground) but the air a few metres up is faster, so the sound waves are slowed a little more there. The sound refracts from the low-velocity region to the higher-velocity one, and hence curves up away from the ground and from your ears (see Figure 4).

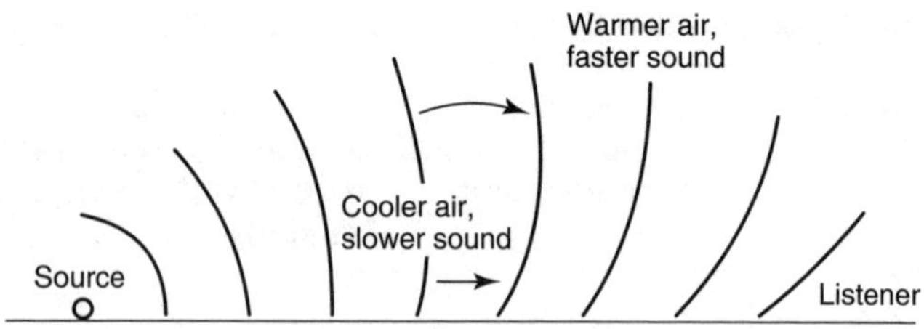

3. Sound propagation when air is cooler near the ground than high above it.

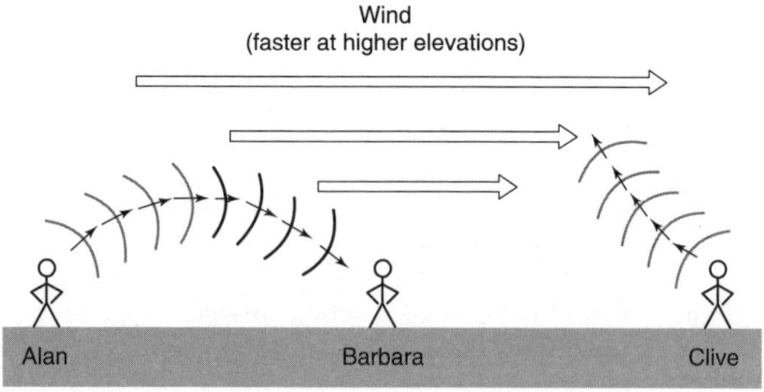

4. Barbara can hear Alan, but not Clive.

No matter what one does with a diaphragm, one cannot push sound through the air that surrounds it any faster. More rapid waggling generates pressure pulses that are closer together, which then arrive at a point—your eardrum, say—more frequently. That is to say, the sound frequency would rise. If one tries pushing the air harder by moving the diaphragm further in and out, then the amount of compression (and rarefaction) in the pulses increases, leading to a higher sound pressure (heard as a louder sound). If one forces the diaphragm to move faster than the velocity of sound in the medium, a pulse has no time to move away from the diaphragm before the next pulse forms. Hence, they pile up into a single, extreme high-pressure pulse known as a shock wave (the cause of sonic booms and whip cracks).

Moving a diaphragm more rapidly is not the only way to increase the frequency of a sound: if the loudspeaker (or other source) is rapidly approaching you or you are rapidly approaching it, the pressure pulses arrive at your ear more frequently, because each starts closer to you than the one before, so the frequency of the sound rises. Once the source has passed by, the pulses hit your ear with longer intervals in between, because each has a little farther to travel than the one before. So the frequency falls. This is the well-known Doppler effect, which happens whenever one is passed by a speeding motorbike or the siren of the police car behind it (Box 2).

Like light, sound reflects, and as with reflection from a mirror, an image of the sound source is formed if a surface is smooth and hard, so if you are somewhere between source and surface, you will hear approximately the same sound from each side (but quieter from the reflector side). 'Smooth' is a relative term though, meaning 'with bumps smaller than the wavelength'. Since sound waves are about one million times longer than light (comparing 3 kHz to yellow), even quite rough surfaces like concrete make good acoustic mirrors. Concave acoustic mirrors focus the sounds that they reflect: in World War I just such concave concrete sound mirrors were built along the south coast of England to focus the sound of approaching planes into the ears of listening solders. When sound echoes between two or more curved reflectors, the result can be a whispering gallery, like the one in London's Saint Paul's Cathedral.

Box 2

Doppler effect: for an approaching sound source, the frequency heard by the observer is $f_{obs} = \left(\frac{v+u}{v}\right)f$; velocity of sound v, speed of approach u, frequency of source f. For a receding sound source, the '+' becomes a '–'.

Sound will reflect from the interface between *any* two media, whether air and concrete, water and air, or different rock layers in the Earth. How much of the sound is reflected depends on the difference in the acoustic impedances of the two media, and the impedance in turn depends on the density of the medium and the velocity of sound in it. Acoustic impedance (Box 3) is similar to electrical resistance in that it measures the difficulty with which sound can travel through a medium. It is key to many of the effects and applications of sound. For instance, a soft rubbery surface will absorb sound and convert it to heat, since soft rubber has an extremely high acoustic impedance. Stealth coatings on submarines are based on this fact, but unfortunately the softness of rubber is very temperature-dependent, so, when Cold War submarines were redeployed from the North Atlantic to the Gulf from the late 1980s, the higher water temperatures robbed them of their stealth and set off a flurry of research and resurfacing.

Sound can be focussed by passing it through an acoustic lens, often made of acrylic plastic. Lenses work because a wave is refracted when it passes from one medium to another, so long as it strikes the interface between the media at an angle. The angle through which the wave is refracted depends on the ratio of its velocities in the two media (Snell's law, Box 4).

One effect which is usually far more noticeable for sound than for light is its ability to bend round corners and over walls, and to spread out after passing through an opening, a phenomenon known as diffraction or scattering (Figure 5).

Box 3

Characteristic acoustic impedance of a medium: $Z_0 = \rho_0 v_0$; density ρ_0, velocity of sound v_0. The unit is the Rayl, and the $_0$s indicate that these are the values of the medium when it is 'unperturbed'—that is, when no sound is present in it.

Box 4

Snell's law: $\sin\theta_1/\sin\theta_2 = v_1/v_2$; θ (theta) is the angle between the direction of the sound and a line at right angles to the interface, v is sound velocity.

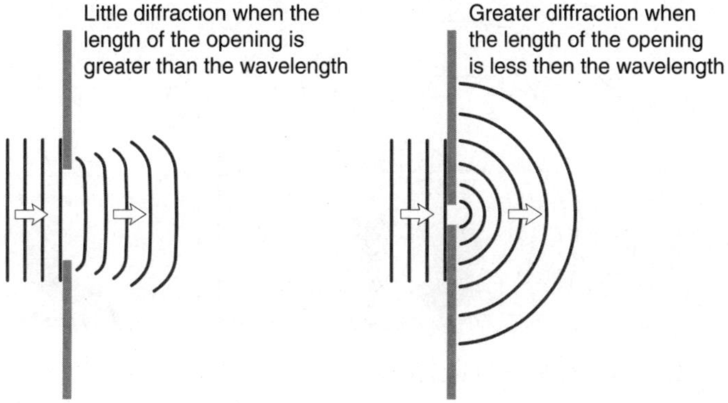

5. Diffraction.

The longer the wavelength, the greater the bending. So if a high wall is introduced between a sound source—a band, say—and a listener, the bass sounds diffract from its top back down to earth but the high-pitched ones are lost (Figure 6). This muffling effect is a useful clue that helps us gauge the distances of familiar sound sources outdoors.

When light falls on a series of parallel lines, stripes, or ridges a single wavelength apart (or thereabouts), it is diffracted, and since shorter wavelengths are diffracted through larger angles, such *diffraction gratings* split white light into its component colours—the back of a CD makes rainbows from sunbeams in just this way. Since a pure tone is a regular series of 'stripes' of increased pressure, it can also act as a diffraction grating, scattering light with a wavelength around that of the distance between the stripes (that distance being half the wavelength of

6. Diffraction of different wavelengths.

the sound). Usually the medium here is a crystalline solid, such as fused quartz. This acousto-optic effect, where sound waves scatter light, is used both underwater and in air as a non-perturbing measurement and imaging tool (see Figure 7).

When sounds from multiple sources meet, mix, and mingle, the result is a three-dimensional pattern of loud and quiet areas called an interference pattern. The quiet areas form at the points where rarefactions from one source meet compressions from another (destructive interference), and the loud ones arise when rarefactions meet rarefactions, or compressions meet compressions (constructive interference) (Figure 8).

Interference is important in stereo sound production and in noise cancellation, and it introduces one more parameter that characterizes a sound wave: its phase, that is, how high or low its pressure is at a particular point in space and time. Phase really only matters when sound waves interact: in the above example,

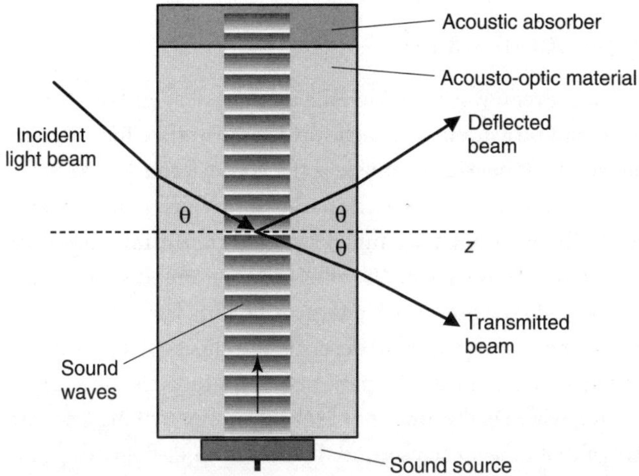

7. **The acousto-optic effect.**

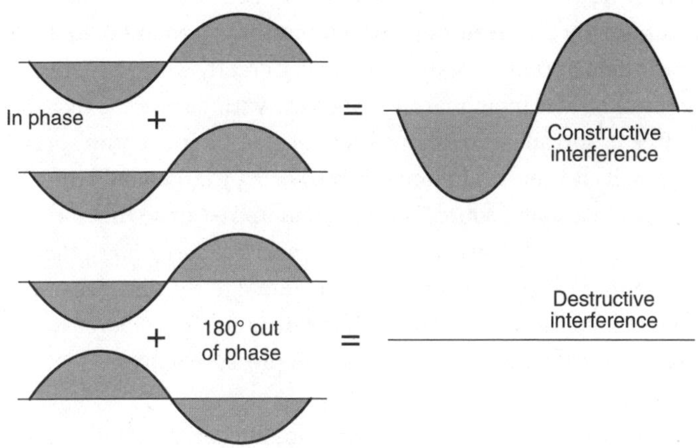

8. **Constructive and destructive interference.**

pairs of sound waves whose compressions coincide with each other (and hence make a loud area) are *in phase*, while those in which they do not coincide are *out of phase*. When waves are maximally out of phase, they are said to be *in antiphase*. Our hearing systems cannot detect phase.

The power of sound

There are several ways in which the amount of sound can be defined and measured, and each way is appropriate for different applications. If hearing or music is the context, *sound pressure* is the obvious choice since it is the parameter which relates most directly (though none too simply: read on!) to the impression of *loudness*. But in discussing the efficiency of a sound source one may wish to know how much energy is flowing from it in a second—the *sound power*. To describe the effects of a particular sound field on an object, the parameter of interest is the *sound intensity*, which is the amount of sound energy striking 1 square metre of that object each second. *Volume* is an ill-defined measure used to label audio equipment, but intended to mimic loudness.

Audible-frequency sound waves lose very little energy through absorption by the air through which they pass (around 0.25 dB/6 per cent per 100 metres, though varying greatly with weather conditions). The main reason sounds die with distance is that they are free to spread out in many directions, so their energies spread progressively more and more thinly to occupy larger and larger volumes. If a sound source is suspended in free air so that its sound can spread in every direction (*spherical spreading*), then the sound pressure is inversely proportional to the distance of the listener from the source: that is, if the distance from source to measurement point doubles, the sound pressure halves.

The intensity of the sound falls more rapidly than this: it is inversely proportional to the *square* of the distance. So, if the distance from source to measurement point doubles, the sound intensity falls to one-quarter ($1/2^2$). If the distance is multiplied by 10, the intensity falls to one-hundredth ($1/10^2$). If the sound source is on the ground, the waves spread hemispherically (Box 5), and sound pressure and intensity fall at half the above rates: in other words the intensity falls to one-half if the distance doubles—roughly,

Box 5

Spherical spreading: $I = P / 4\pi r^2$; intensity *I*, power *P*, distance from the source *r*.

unless the ground is a perfect reflector (a marble floor is pretty near), intensity will fall faster than this, due to loss of energy due to absorption. The sound power depends only on the source, so it is the same at any distance.

Pure tones are never found in nature, but are perhaps most closely approximated by the songs of birds. The waveforms of real sounds look very different: the pressure-plots of different sounds of similar fundamental frequency are shown in Figure 9.

The difficult decibel

Sound was one of the first forms of energy to be understood: as far back as 300 BCE it was known to be some kind of pattern of physical changes that could travel through air and water, but it was long after that that the most obvious characteristic of sound—its loudness—was quantified in any way. What did turn up took over 2,000 years to arrive, and was not very satisfactory when it did.

By far the most widely used way to quantify the amount of sound is the decibel (dB, Box 6): if two signals differ in sound pressure by 1 dB, the ratio of those pressures is about 1.2:1. (Handily, this happens to be about the smallest difference we can hear under ideal conditions.) A 10 dB difference corresponds to a ratio of about 3:1, and a 100 dB difference to a ratio of 100,000:1.

A decibel is one-tenth of a bel, a name made by combining three letters commonly used in transmission theory (β, ε, and l) with a tip of the hat to Alexander Graham Bell. Decibels aren't

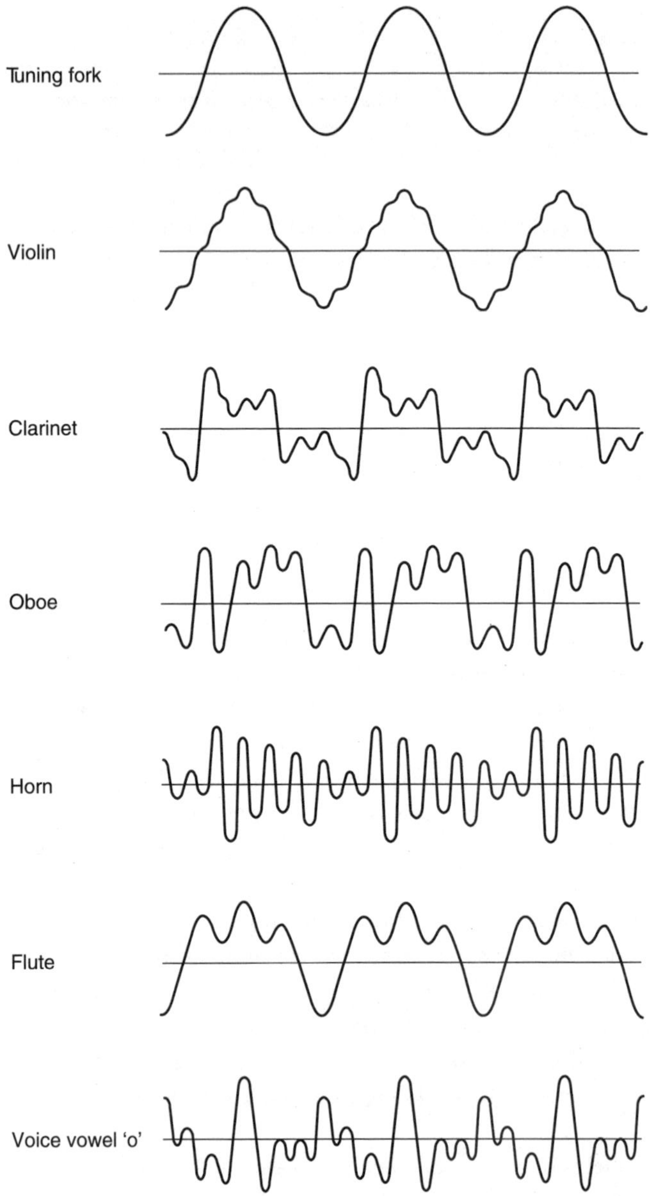

9. Wave shapes.

Box 6

Decibels: the sound power difference in decibels between sounds of powers P_1 and P_0 is 10 $\log_{10}(P_1/P_0)$. Power is proportional to pressure squared, so the sound pressure difference between sound pressures p_1 and p_2 is 10 $\log_{10}(p_1^2/p_2^2)$, which is 20 $\log_{10}(p_1/p_2)$.

units—they are ratios, so they can describe how much more powerful one thing is than another: you could, if you wished, use them to compare the outputs of a pair of heaters. But that would not tell you anything about how hot either of them actually are.

To describe the sound of a device in decibels, it is vital to know what you are comparing it with. For airborne sound, the comparison is with a sound that is just hearable (corresponding to a pressure of twenty micropascals). When the amount of sound is given in terms of such a reference level, the word 'level' is appended: hence sound pressure level (SPL), for example.

So, a sound of 0 dB is 'one times louder than' (i.e. equally loud as) a sound you can just about hear, 1 dB is about 1:12 times as loud, 2 dB is 1:26 times, and so on. Are all acousticians happy with this solution? No, they are not. Ultrasound engineers don't care how much 'louder than you can just about hear' their ultrasound is, because no one can hear it in the first place. It's *power* they like, and it's watts they measure it in. Meanwhile, underwater acousticians rightly ask: 'The threshold of hearing? What does that mean when your ears are full of water and you've got a rubber headpiece on? Or if you're a whale?' So they base their decibels on a reference pressure of one micropascal, because that's nice and easy to remember. So now we have two kinds of decibel, one for use in water and one for air, which will give different values for the same sound. Not too much of a problem so long as everyone always remembers to say what the reference level of the decibel they are using is. Sadly however, they don't.

There is another problem. Few of us care how much sound an object produces—what we want to know is how loud it will sound. And that depends on how far away the thing is. This may seem obvious, but it means that we can't ever say that the SPL of a car horn *is* 90 dB, only that it has that value at some stated distance. Often, even those handy decibel charts so popular in textbooks get this bit wrong, and claim the SPL of a pneumatic drill is 100 dB, when they really mean '100 dB if measured at a distance of 10 (or however many) metres'. It's not difficult to see where this laziness creeps in—the charts usually also have examples like 'a quiet office', and we understand that the chart maker is referring to a quiet office that you are working in, not a quiet office down the corridor or in another town.

There is a third problem: a source of sound might make sound waves at any one frequency, at a handful or at a wide variety of frequencies. Let's assume for the moment that the source of the sound is a loudspeaker so efficient that it always converts all the electrical energy fed into it into sound. And let's imagine it has a frequency control but no volume knob. If we measured the total sound energy flowing from that loudspeaker each second (that is, the power) while changing its frequency, that power would of course remain constant. Similarly, the SPL at a particular distance from the loudspeaker would stay the same—as a microphone would show (assuming it were equally sensitive at all frequencies).

However, this is nothing like what your ears would tell you. If the loudspeaker was just audible at 20 Hz, it would increase in loudness as the frequency rose, until at around 4 kHz it would sound (very roughly) 200 times louder. At higher frequencies still, it would get quieter again, finally fading into inaudibility at somewhere between 8 kHz and 20 kHz, depending how old you are and what you've been doing to your ears for the past few decades.

In practice, acousticians weight the response of the circuit of which the microphone forms a part, so that the system behaves like the ear—being most sensitive to frequencies at around 4 kHz. A frequency-weighted microphone is the heart of a sound level meter (SLM). There is actually a wide choice of different weightings, including some for dogs, but the most popular by far is A-weighting, which approximates the response of a human ear at moderate sound levels. Hence, the decibels that matter to us are usually A-weighted, written dBA, the full name for which is 'A-level weighted sound pressure level in decibels'.

SLMs are equipped with a choice of time integration factors. This matters because if a sound lasts less than about 0.1 second it sounds quieter, since the hearing system adds up the energy for about this period.

To add to the complexity, the loudness of a sound also depends on the nature of its source. For instance, people so dislike the sound of planes that, on average, they consider them to be as annoying as anonymous sounds that are about 5 dB louder. Conversely, people are rather fond of train noise, to the extent that they only find it as annoying as anonymous sounds which are about 5 dB quieter. These reactions are so well established that many planning applications which involve aircraft or railway noise adjust their figures by 5 dB (the corrections are known as the *aircraft malus* and the *railway bonus*). This means that no meter can actually measure what architects, home owners, noise campaigners, noisy machine buyers, and acousticians really need to know: how loud a sound is.

Considering all of this, there is little point in measuring SPLs with great accuracy: most SLMs are accurate to +/−1.4 dB at 10 kHz (called Class 2 meters). Even in laboratory work, +/−1.1 dB at 10 kHz is almost always enough (as provided by a Class 1 SLM). Far more important than accuracy is adherence to standard measurement procedures, including the frequent calibration of SLMs by comparison with standard measurement microphones.

Despite the complexities of loudness and its variation according to the source and the user, extensive surveys of the reactions of large numbers of individuals to carefully chosen sounds have determined roughly how loudness relates to SPL, and units have been defined on this basis, in particular the phon. Phons are defined as having the same values as the SPLs of 1 kHz tones, so a 1 kHz tone with an SPL of 10 dB has a loudness level of ten phons. But a 50 Hz tone with that same loudness level of ten phons has an SPL of 73 dB, because our ears are so much less sensitive at 50 Hz than 1 kHz that a 50 Hz tone needs to be 63 dB higher than a 1 kHz tone to sound as loud.

Loudness is just one of a large set of psychoacoustic measures, also known as sound quality parameters ('quality' being used in the sense of 'character' rather than 'goodness'). Loudness is by far the most commonly used and best developed; the others include sharpness (in acums), roughness (aspers), fluctuation (vacils), and dieselness (which has no units: different automobiles are simply ranked subjectively according to how 'dieselly' people think they sound). As the last-named suggests, these measures were developed primarily by the automotive industry in its attempts to make door-clunks, engine sounds, and even indicator noises sound appropriately powerful, masculine, reliable, and so on. In principle it would be very useful if domestic products and other noise sources could be characterized by such parameters.

The topic of sound qualities is part of the discipline of psychoacoustics, the study of the psychological effects of sound, which itself can be considered as an element of what is now known as sound studies. Sound studies deal with how sounds of all kinds have been made and consumed throughout history and in different cultures. Work on such topics has been carried out since the 1940s, and has increased greatly since the early 1990s.

Standing waves

A recurring aim in the history of acoustics is to make sound visible. In the 1780s, Ernst Chladni studied the ways in which metal plates vibrate when they are made to 'sing' by being stroked with a violin bow. Fine powder sprinkled on the plates is deflected from areas where vibration is strong, and collects in those that are still. The powder-free, strongly vibrating points correspond to antinodes (like the peaks or troughs in Figure 1), and the stationary, powdery areas are the nodes, the points where there is no pressure change (where the line crosses the axis in Figure 1).

It was possible for Chladni to 'see' sound waves in this way only because they did not progress through space: they were stationary, or 'standing' waves. For a standing wave, Figure 1 represents only how the pressure of the wave changes with location, and not the way the pressure at a particular spot changes over time (such a time-based diagram for any point in a standing wave would be a horizontal line).

The principle is clearer when considering the standing sound waves that are formed when one blows across the open end of a 12 cm tube which is closed at the other end. In all such waves, the air at the closed end of the tube cannot move, due to friction with the end wall (so this point is a node). The simplest wave of this kind is one in which the motion of the air molecules increases with distance from this end, and reaches a maximum (an antinode) at the open end. In this wave, one-quarter of a wavelength is inside the tube, so it has a wavelength of $4 \times 12 = 48$ cm. If one blows hard enough, a whole range of other standing waves will form, each with a node at one end of the tube and an antinode at the other, as shown in Figure 10. The lengths of these other waves are simple multiples of the first, and such waves are known as harmonics.

Just as in such a pipe, so in any other fluid-filled cavity, or any rigid object, there are certain wavelengths of sound which are

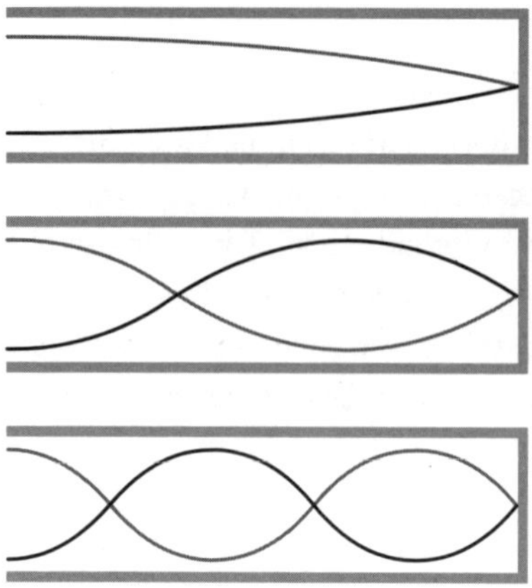

10. Standing waves in a pipe open at one end.

particularly easy to excite. These are called resonance modes (or simply resonances), and the main ones can be predicted since they depend only on dimensions. For instance, if a 12 cm rod is fixed at its ends and struck sharply, it will generate 24 cm sound waves, together with waves of lengths 12 cm, 8 cm, 6 cm, 4 cm, and all others which include nodes 24 cm apart—again, a set of harmonics.

A 12 cm long box of air or water will produce all these waves too—in this case, what stops the 'ends' of the fluid moving is that they are adjacent to the box walls, where friction prevents free motion. The box will also produce families of waves corresponding to its height, width, and diagonals.

Resonances can be a major problem in room acoustics, but are the basis of most musical instruments. With an instrument that includes tubes open at one end (like some organ pipes), the open end is an antinode, and hence the fundamental frequency has twice the wavelength of that of a closed tube of the same length. (Actually, the antinode forms just beyond the pipe's end, requiring an *end correction* to be made, see Box 7.)

Box 7

End correction: $\frac{\lambda}{4}=l+c$ (closed pipe), $\frac{\lambda}{2}=l+2c$ (open pipe).
End correction c, about 0.6 of the pipe radius.

Usually, the lowest resonant frequency is the most powerful; however, if a great deal of energy is supplied to an instrument, it may resonate an octave—or even two—higher. A flute, for example, will do this if it is blown hard enough ('overblown').

Resonances are all around us—tap a plate, glass, or fork and it will ring, provided only that it is not damped by being held too tightly (tuning forks still resonate if held tightly because they have two identical prongs that move in opposite directions, cancelling each other out at the handle so there is no resultant motion there). This is a handy way of finding whether crockery is cracked: if all is well, each successive millimetre of the plate will move immediately after its neighbouring millimetre, allowing waves to pass, much like a Mexican wave: the plate is, literally, sound. But if even a very fine crack separates adjacent areas, dragging and friction damp the resonance, giving rise to an unhealthy 'clink'.

If the force supplied to an object is a sound at the resonant frequency, the coupling will be highly efficient, hence guitar strings that sound in sympathy with those struck across the room, or bits of television sets that buzz annoyingly along with dramatic programme sounds.

An effect which is of importance in several areas of acoustics is Helmholtz resonance, familiar to anyone who has blown across the top of a bottle to make it sing. Any hollow object or cavity with an open neck will act as a Helmholtz resonator (Box 8). If a stream of air is blown across the opening, some will enter the neck, increasing the pressure in the cavity a little. This overpressure pushes the air out again—and, just like a pendulum,

Box 8

Helmholtz resonator frequency: $f \approx \frac{v}{2\pi}\sqrt{\frac{S}{lV}}$; sound velocity v, neck area S, neck length (including end correction) l, cavity volume V.

this air 'overshoots' a bit, leaving a slight underpressure, which sucks more air in, and so on. This regular cycling constitutes a sound wave at a resonant frequency. If a sound wave at this frequency is supplied to the resonator, it will sound very strongly.

Charting sounds

Standing waves are a small subset of sound waves: mostly, the regions of high and low pressure in a wave move through space (such waves are called progressive or travelling waves). If one wishes to 'see' a travelling wave, one must therefore chart air pressure changes through time. One of the first to attempt this was Alexander Graham Bell, who in 1874 procured an ear from a corpse, impregnated it with oil to keep it flexible, and attached a thin straw to its drum. The other end of the straw was allowed to trace a line on a strip of soot-covered glass which was moved along as the ear was shouted at. This wobbly line was the first recording of a sound wave and the device was called an ear phonautograph. To the relief of those who had to construct them, later versions dispensed with dead ears in favour of metal diaphragms.

Phonautographs were no good for making actual measurements of sound waves, however; these were eventually provided by the cathode ray oscilloscope (CRO), developed in the 1930s. CROs can be set with different time-bases so that a high-frequency sound can be spread out across the screen or a low frequency one

11. Spectrogram.

compressed, so that their wave shapes can be seen. From this, their wavelengths can be read off and their frequencies determined.

Today, computerized versions of CROs are widely used. However, a two-dimensional plot can still only display some features of sound. Most sound waves vary rapidly both in frequency content and in pressure, which can only be properly displayed together on a three-dimensional display, called a spectrogram, which cannot be produced without a computer. In a spectrogram, height up the screen usually represents frequency, and brightness or colour represents sound pressure (or intensity). In other cases, a representation of a three-dimensional shape may be made on a screen, the results often resembling mountain ranges (Figure 11).

Unweaving sounds

Being able to see a sound allows one to find out a lot about it qualitatively, and rough measurements can also be made of the screen outputs, but often good quantitative information about sound is needed (perhaps to eliminate noise or improve the design of a musical instrument). For this, a mathematical analysis is required, and the most widely used and fundamental is based on work conducted by Joseph Fourier in the 1800s.

Fourier realized that any periodic function (that is, one which repeats at a steady rate) can be constructed by adding together a series (now called a Fourier series) of sine waves—and he worked out a method to determine what the members (*terms*) of that series are. (Mathematically speaking a Fourier series is composed of a series of sines and cosines—but a cosine is simply a sine wave which starts at maximum, rather than at zero, so I'll just refer to sine waves here.) As Figure 12 shows, as few as three sine waves can roughly approximate a square wave. To make the sides of the latter more vertical, higher-frequency tones must be added. A square wave sounds like a click, and Fourier analysis shows therefore that a sudden (that is, rapidly increasing in level) click will include some very high-frequency components.

Fourier's original work was only applicable to periodic waves, but a development of it known as the Fourier transform can handle non-periodic ones. A highly efficient mathematical method of calculating the component sine waves of a signal is

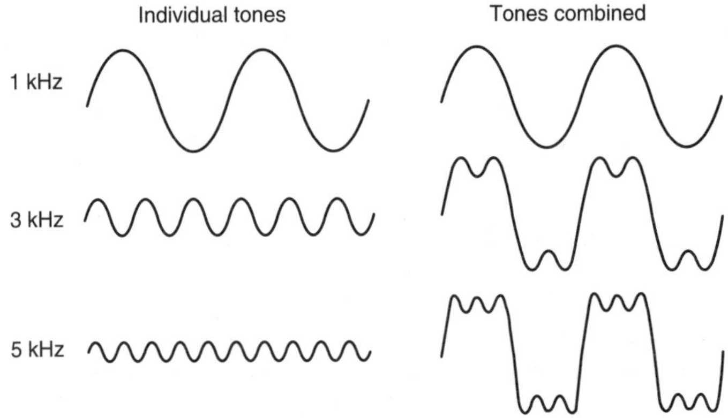

12. Summing sine waves to approximate a square wave.

known as a Fast Fourier Transform (FFT). When adding waves like this, their phase must be taken into account. During a single wavelength the sound pressure of a wave rises from zero (that is, equal to the ambient air pressure) to maximum, then falls down to minimum, and then rises to zero again. This is similar to the vertical motion of a dot painted on the edge of a rotating wheel, so phase can be described in terms of angles: starting at 0° the wave rises to a maximum at a phase of 90°, falls to zero at 180°, down to a minimum at 270°, and back to zero at 360° (which is the same as 0°).

All real sounds change over time, so the conversion into sine waves must be repeated frequently. Such time-varying frequency analyses of sounds have many applications: for instance, some of the parameters of the sound waves which compose an individual's voice are unique to that person. Hence, such parameters can be used as acoustic 'fingerprints' (called voice prints), and automatically recognized by a machine.

Conversely, since every word has a unique sound (except for homophones like 'sew' and 'so'), it is in principle possible for a machine to recognize them automatically, whoever speaks them. While the same word will be said differently by different speakers there are certain elements which vary only slightly, or predictably—hence our ability to recognize a word irrespective (within limits) of its speaker.

Automatic speech recognition is a long way from perfection however, and the main problem lies in deciding where one word ends and the next begins. To see how tricky this is, try listening to yourself saying 'bread and butter'. You will probably actually hear something like 'brembudder' with no silences at all (and saying the phrase 'properly' neither feels nor sounds natural). The reason that humans can identify words so readily is that the sound patterns we hear are only one piece of evidence as to what is being said—as Chapter 4 will explain.

Sounds from nowhere

Since any sound can be analysed into sine waves, it follows that any sound can be synthesized from them: synthesizers that generate speech from sounds have been available for many years, and work far better than recognizers. In practice though, it is often far easier to generate speech by adding together fragments of pre-recorded or pre-generated sounds—a technique known as voice coding.

Today's electronic systems can synthesize practically any sound at all, whether it occurs in nature or not—like the weird Shepard tone, which is produced by combining tones which fall in pitch but then fade out, while other, higher tones, fade in and themselves begin to fall. The impression is of a sound which continually falls—and yet gets no lower.

Usually, however, one does not want new sounds but improved versions of existing ones—a musical performance shorn of noise, for example. The selection of pre-recorded elements is also commonly used for non-speech sounds: one of the most celebrated electronic gadgets for the budding pop music producer in the 1960s was the *Mellotron* (1963)—a machine loaded with a library of short pieces of sound recorded on to magnetic tape, any of which could be quickly selected and played at a chosen frequency and volume.

Selecting sounds: filters

The commonest and easiest way to modify sound is through filtering: the removal or reduction of selected frequency ranges, accomplished either by electronic circuits or by software. High-pass filters cut out low frequencies, low-pass ones deal with high frequencies and band-pass filters banish both. A once familiar kind of variable filter is the graphic equalizer, a series of about seven slider bars on a hi-fi's amplifier, which allows selected preset frequency ranges to be suppressed. The simpler 'tone' control similarly quietens either high ('treble') or low ('bass') frequencies.

A vast range of other facilities is also to be found in the computerized toolbox of the sound artist or engineer: such software can add reverberation or echo to a recording, create an artificial soundscape, or apply such real-time changes as shifting the frequencies of the sounds of a pop song recording before passing to a loudspeaker. This is the basis of a karaoke system, in which the notes of songs can be sharpened or flattened to match those that the user finds easiest to sing.

Chapter 3
Sounds in harmony

What makes a note?

The words 'tone' and 'note' reflect the subjective/objective nature of sound: a tone is a sound wave with a particular frequency, a note is its subjective impact, with a particular pitch.

In addition to pitch, a note also has duration, loudness, and timbre. Timbre is by far the most important in identifying instruments by their sound, and is also the main carrier of emotional content. It is actually an uneasy bedfellow with the others, being far more complicated. It is a bit like defining a person by gender, height, weight, and fingerprint: the first three parameters can each be specified in terms of one value of a single unit, but the full description of an individual's fingerprint would be highly complicated and multidimensional. But, like a fingerprint, timbre is the only thing unique to a particular instrument or person, so it's the only thing that the brain *can* use as an identifier.

A problem for the brain which the fingerprint detective need not worry about is that timbre is a dynamic quality; it changes over time. The timbres of a cymbal, piano note, or drum all change radically from start to finish (this change is known as flux). The timbre of a particular instrument or speaker also changes with pitch and loudness: a cello's high notes have a different quality to its low ones, a shouted word is not simply louder than a spoken one, and a man's voice at the top of his range sounds much thinner than when he is singing low notes. Fortunately, we can rely on our highly evolved ability to focus on the very first sounds made by a source to untangle all this.

Prehistoric agendas

Our modern appreciation of music and our dislike of noise probably stem from the evolutionary pressures that moulded the hearing systems of our distant ancestors. Their first priority on hearing a sound would have been to identify it, and there was no time to ponder. The twang of a bowstring, the rumble of an avalanche, the thunder of approaching hooves or the warning hiss of a snake are only of benefit to the hearer if (s)he can react fast, and so the hearing system concentrates its analytical prowess on the earliest moments of a sound. This has the surprising consequence that the 'attack' sounds that an instrument makes in the first fraction of a second, though generally discordant and nothing like the instrument's 'steady state' sounds, are the ones that enable us to identify what that instrument is. A recorded piece of music edited to remove all the attacks sounds very strange, and the instruments could be anything. This fact stymied for many years attempts to synthesize instruments convincingly.

Often not just the instrument but the composition too can be identified within the first second. There was once a fairly popular radio (and then TV) quiz show called *Name that Tune*, in which contestants frequently succeeded in identifying tunes from just four or even three notes. It is very easy to outdo this if one is presented with a familiar recording: even a preliminary fumble or intake of breath is enough to identify it. Conversely, some musical sounds immediately inform the listener of the flavour of the whole piece: a single chord may have a 'Mexican' sound, a few violin strokes might sound 'folksy', a bagpipe skirl 'Scots', or a couple of notes 'fierce shark approaching'.

The responses to such brief cues are primarily emotional, as befits their original role as hazard warnings: the roar of a lion or the click of a safety catch being released deliver an immediate visceral response, releasing adrenalin in preparation for flight—or fight. In fact, our reflex response to *any* sudden loud sound close at hand is to put distance between us and it: a feedback shriek from a loudspeaker will literally make us jump away. Even continuous sounds are intrinsically repellent if they are loud enough: hence the almost physical reluctance one feels to pass close by a pneumatic drill.

The flipside to our focus on the very first parts of a sound is disinterest concerning sounds that last for a while, leading to the seeming paradox that a continuous sound at constant volume will sound quieter after a few dozen seconds: in nature, such sounds are likely to be as harmless as the breeze. But if that long-duration sound should suddenly stop, the silence is just as attention-getting as was its onset.

The act of listening to music has received considerable attention from a sound studies perspective. The musicologist and philosopher Peter Szendy, for example, argues that an essential part of listening to a piece of music is comparison with other works, performers, instruments—and other listeners too. His view is that, since the act of listening constantly 'appropriates' other things in this way, the essence of a piece of music can never be fully grasped.

Learning to sing

Musical sounds are far more important to many of us than those of other types—so much so that many of us can hardly restrain ourselves from bursting into song at the slightest provocation. Perhaps you have entertained yourself and, to a rather lesser extent, everyone within earshot, by singing 'Somewhere Over the Rainbow'. It's a fair bet that Judy Garland did it better: but how? Although your listeners may not enjoy the tune, they will surely recognize it because, even if a lot of the notes are wrong, they will at least go up and down in pitch in the right order, and vary in length in a familiar way.

Durations of notes (and of rests; gaps between notes) are indicated by their shapes, and defined as fractions of a 'whole note', which is a semibreve, as shown in Table 2.

There is no standard duration for a note, though in some cases a composer will provide one on an individual score: '♩ = 66', for example, means 'a crotchet lasts 1/66 of a minute'. Usually however, the only indication of the speed (technically, *tempo*) at which a piece should be played is a phrase (often in Italian) of variable helpfulness, such as *andante* ('at a walking pace') or *allegro non ma troppo* ('fast but not *too* fast'). Perhaps because the concept of tempo is not very applicable to natural sounds, we are poor at judging it—amateur or professional alike, spotting a 4 per cent difference in tempo is about the best we can do.

Unless you are a trained singer, or a naturally good one, you are probably singing some notes slightly 'flat' (that is, a bit lower than they should be) or 'sharp' (a bit higher). But what does 'should' mean here? It *doesn't* mean 'hitting the right notes'—it doesn't matter whether the frequency of the sound you make while singing '*Some...*' is 300 Hz or 333 Hz. But you do need to get the ratios of the frequencies correct. So, if you sing '*Some...*' at 300 Hz then you must sing '*...where*' at 600 Hz—that is, one octave higher—to avoid people wincing.

It follows from this that if you accompanied yourself on a piano without altering the pitches of your singing, you would almost

Table 2. Notes and rests

Sign	Name	Relative length	Rest
𝅝	Semibreve	Whole note	𝄻
𝅗𝅥	Minim	Half note	𝄼
♩	Crotchet	Quarter note	𝄽
♪	Quaver	Eighth note	𝄾
𝅘𝅥𝅯	Semiquaver	Sixteenth note	𝄿

certainly be out of tune with the instrument. As far as a pianist is concerned, 'Some' is an F. There are eight F keys on an eighty-eight-key piano, and any of them may be used here—if the fourth F is chosen, the piano will play a note of 349 Hz.

If you do find yourself to be 'automatically' in tune with a piano, you probably have that rare thing: absolute (or 'perfect') pitch. Generating the same notes as your piano is all there is to having absolute pitch. If you were transported back two centuries, when pianos were not tuned to the same frequencies as they are now, you would of course not be in tune with them. And if you attempted to sing an unaccompanied duet with a singer of the period who had perfect pitch, the result would not sound pleasant.

Your pitch is nevertheless better than your 19th-century friend's in a certain sense: if you travelled two centuries into the future, your perfect pitch would match everyone else's, but your friend's would not. That is because, in 1939, at a London meeting of the International Standards Organization, many countries agreed on particular frequencies for particular notes. Like many other international agreements, this one only happened because the situation had become intolerable some considerable time before.

Since instrument makers, musicians, and composers had developed largely independently in different countries, each had adopted their pitches arbitrarily. In countries with several musical centres, pitches even varied from city to city. In 1780, a Berliner with perfect pitch would fall sadly flat in Vienna; a trumpet made in one city would be out of tune in the other—and trumpets cannot be retuned. Hence, as national and international travel among musicians became common, and successful instrument makers expanded their customer bases further afield, the need for an international standard became rapidly more apparent—hence the meeting, even on the eve of war.

It follows that absolute pitch cannot be an inborn talent; it must be learned. And learned before the age of six, usually by memorizing all the notes on a musical instrument. This is, on the face of it, an almost incredible feat of memory, and such memorization skills are alien to the adult mind. It seems that some children are predisposed to learn absolute pitch—but on the other hand there is a higher fraction of pitch-perfect persons in China and Vietnam than in Europe or the US, which may be due to the greater dependence in Eastern languages on the pitch at which words are pronounced.

For those of us who lack absolute pitch, it is the differences (*intervals*) between notes, not the notes themselves, that we memorize; hence a familiar tune is instantly recognized whether it is played on the double bass or the violin.

Why do we like what we do?

By far the most important interval in music is the octave, the interval in which one note has twice the frequency of the other. The primacy of the octave is demonstrated by the fact that, in the A to G notation system most of us use today, notes an octave apart are given the same letter. To distinguish different versions of each note, numerical subscripts are used as required (so the fourth F on the piano is F4).

Notes one octave apart are in harmony, and the impression we receive of a harmonious interval is that of auditory pleasantness: consonance. Other than a pair of identical notes, the octave is the most harmonious and consonant interval of all.

Exactly why harmonious intervals sound consonant is not quite clear, though we do know that the brain responds to harmonic sounds with synchronous neural firings. That is, the neurons which respond to each component of such sounds tend to synchronize their firing rates with each other. So, harmonious intervals are clearly important to us—but why do we find them pleasant, and inharmonious (dissonant) intervals to be less so? Actually, though we don't usually enjoy discords in isolation, the appetites of composers and their audiences for dissonance have grown steadily since the ancient Greeks—in fact, one could look at the history of Western music as the increasing adoption of dissonance (which is why listening to Stravinsky's *Rite of Spring* or Mozart's *Dissonance* quartet is not as disturbing as it once was). Nevertheless, if one ranks intervals by their perceived consonance, the result is pretty independent of geography or history. So there is there is *something* objective about consonance. In fact, two things:

1. A lack of 'roughness'. When the ear receives two tones close together in frequency (about 5 per cent different, or two or three semitones), they are perceived as a single rough-sounding note.
2. Similarity to a harmonic series, which is a set of tones with frequencies such as 1 kHz, 2 kHz, 3 kHz, 4 kHz, etc.

More notes

Music making cannot rely on octaves alone. For one thing, we can't hear more than about ten of them. Also, producing such a range is a challenge: violins and guitars cover about four octaves, exceptional humans can manage five or six, pianos seven or eight. Furthermore, every tune would be nothing but the purest harmonies—which very soon become boring.

Once the octave had been defined, Pythagoras and others set about adding notes to it, embarking on a long research project that was to last for well over a thousand years. Although Pythagoras actually used a monochord, it's simplest to the job with several strings of variable lengths, all with the same tension and width and all made of the same material.

The next most harmonious/consonant pair of notes after the octave is that given by a pair of strings in which one string is 2/3 the length of the other. Three other simple ratios of string lengths yield other fairly nice-sounding note combinations, and the results are shown in Table 3.

Table 3. Harmonious intervals

Name of interval	Length of shorter string compared to first string	Frequency of note from shorter string compared to note from first	Order of consonance
Unison	1	1	1
Second	8/9	1 1/8	6
Third	4/5	1 1/4	5
Fifth	2/3	1 1/2	3
Fourth	3/5	1 2/3	4
Octave	1/2	2	2

If we were to build a harp with strings of lengths defined in Table 3, but all of the same thickness, tension, and material, we would very easily be able to make simple, reasonably pleasant-sounding chords with it—in fact, any pair or larger group of such strings played together wouldn't sound too bad.

This system is called the pentatonic (five-tone) scale. It was discovered independently by numerous ancient musicians in many parts of the world and is still very popular today ('Amazing Grace', 'My Girl', and 'I Shot the Sheriff' are written in it). The black keys on the piano are a series of pentatonic scales, so if you press them randomly it won't sound as horrible as if you do the same with the white ones.

Even more notes

Although people like musical harmony, they also like a bit of discord, and the pentatonic scale was just too tuneful and safe for composers who wanted to challenge their audiences and push the boundaries. Also, five notes per octave is still not that many: but how to add more? Answering this question initiated centuries of careful experiment and academic debate, leading finally to a system called equal temperament. In this system, an octave is divided up into twelve notes, each a semitone, or one hundred cents, apart.

In keeping with the idea that what matters in music are ratios of notes, not notes themselves, semitones and cents are defined in terms of ratios. Each successive semitone is about 6 per cent higher than the one before. This means that the higher the number of hertz corresponding to a semitone, the higher the note is.

A few composers have experimented with more than twelve notes per octave, and extra notes may appear briefly, in moving gradually from one note to another to another (this is called a glissando, or slide). However, in all cultures, the number of 'proper' notes per octave is almost always twelve.

Having defined twelve notes, people proceeded to use just eight of them per octave (hence the name). There are only seven *different* notes in an octave—the eighth is the same as the first, just one octave higher (even professional musicians who can immediately identify a note struggle to say which octave it is).

The reason why we use only eight of the twelve notes in an octave was resolved in 1956 by George Miller, a psychologist, who found experimentally that our short-term memory can store no more than about seven items—hence seven different notes—at a time.

There is a semitone jump between adjacent notes in the full group of twelve, so any group of seven notes that we choose to make our scale will include some which are two semitones (one tone) apart. So, we might have this scale: A *gap* B C *gap* D *gap* E F *gap* G. (A scale is any sequence of notes in which each is higher than the preceding one.)

The fact that we have chosen a set of seven different notes to define our scale does not mean that we may not use other notes in a piece of music. If we want to use those 'gap' notes, we mark them with symbols which mean 'a semitone higher than the next lowest note in the scale' or 'a semitone lower than the next highest note'.

The optional extra note that fills the first gap in our scale above is called either A sharp (written ♯) or B flat (written ♭). Notes may be further subdivided if required; such smaller fractions are referred to as microtones.

In writing a piece of music there is usually a note that matters more than the others—the key note, or tonic. Usually, this note is the one on which a song begins and ends. In 'Somewhere Over the Rainbow', the key note is the one sung on 'Some' and 'I'. The way Judy Garland sings it in the film, this is E flat (E♭). Hence, her version is said to be in the key of E flat.

How is a scale chosen? The main consideration is the mood of the piece: if the composer is writing a confident, celebratory, up-beat piece, (s)he is likely to choose a major scale. To write a piece which is less emotionally clear a minor key is usually chosen. The primary objective difference between major and minor scales is that a (natural) major scale consists of a tonic (which can be any note), plus the six notes which 'fit best' with it, in the sense that their wavelengths bear the maximum number of the simplest possible whole-number ratios with each other. The sound waves hence combine to give the most regular/even patterns possible. In practice, one takes the pentatonic and adds two more notes. One of these two notes, the leading note, has a frequency one and seven-eighths that of the lowest note.

In a natural minor scale, two of the notes of the pentatonic, plus the leading note, have been lost (they are down-shifted by a semitone). The result is that there is no longer a big set of simple whole-number ratios, and the impact is vaguer, more complex, and less complete-sounding.

Additionally, when we hear any sung or played note, it is invariably (except in the case of some electronic instruments) accompanied by its full set of harmonies. Major scales contain all such harmonies too, but minor scales do not. Hence, there is a genuine 'naturalness' or 'completeness' in major scales which is lacking in minor ones. 'Amazing Grace' and 'My Girl' are both in major scales, 'I Shot the Sheriff' is minor.

It used to be (and occasionally still is) claimed that individual keys have their own emotional qualities (in addition to the distinction between major and minor). Numerous experiments have demonstrated that this is not so. It is likely that this idea arose through the reputations of famous or influential pieces of music—imitations tended to be in the same key, which hence became associated with the emotional quality of the original piece. That is not to say that the choice of key is arbitrary: some instruments are designed so that the notes of a particular key are physically easier to play.

Sound sequences

While the raw materials of musical composition are similar the world over, there has been a great difference in its development: in Western music, relatively few notes are used, but they are often played together (chords) or in relation to each other (harmonies). If we had to juggle more than seven distinct notes, musical composition would be more difficult. in particular, polyphony—the simultaneous playing or singing of different melodies—would become well-nigh impossible. In Eastern music, many more notes tend to be used, but combinations are rarer. This difference in approach fed through to instrument design: Western instruments like the guitar and organ are naturally polyphonic, while Eastern ones, like the sitar, can often only produce one note at a time, but can easily vary that note rapidly and subtly.

The differences between Western and other music may have their origins in the 10th century, when polyphony began in Europe (though there are some who claim that polyphony has far earlier roots). From polyphony sprang both the characteristically multi-tune approach of the West and the studies of harmony required to develop it. It has been suggested that the reason for the first experiments with polyphony was a desire to have men, women, and children singing together.

Melodies

Play some notes in sequence, and you have a tune—technically a melody. If we forget about the different pitches, then what is loosely called the rhythm is all that remains—the relative lengths of the notes and rests, the speed (*tempo*) with which the whole thing is played, and the pattern of beats (*metre*, or sometimes *measure*). This is not quite the technical meaning of the word rhythm, which refers only to the length pattern. In 'Somewhere Over the Rainbow', the rhythm (technical version) is: 'long, long, medium, short, short, medium, medium'.

The metre is indicated by the time signature. The time signature of the commonest metre ('common time') is written $\frac{4}{4}$. The lower number gives the units used to specify the beat: 1/4 notes (crotchets). The upper specifies the number of these beats per group. In a score, the end of each group being shown by a vertical line called a bar (so common time is 'four crotchet beats to the bar').

These are not the only kinds of beats that matter in music—the other kind occurs when two tones of similar wavelength play together. Every so often the peaks or troughs of the two sound waves will coincide, adding together to make regions of extra-high or -low pressure. The effect is heard as a low-frequency 'beat', the frequency of which is the difference between the frequencies that make it up (Figure 13).

Watch any black and white thriller featuring London policemen, and you'll hear an example of beats when one of them blows his whistle: such whistles used two pipes of slightly different lengths to produce their arresting sound. But beats aren't always unpleasant: some organs include a stop called the *voix céleste*,

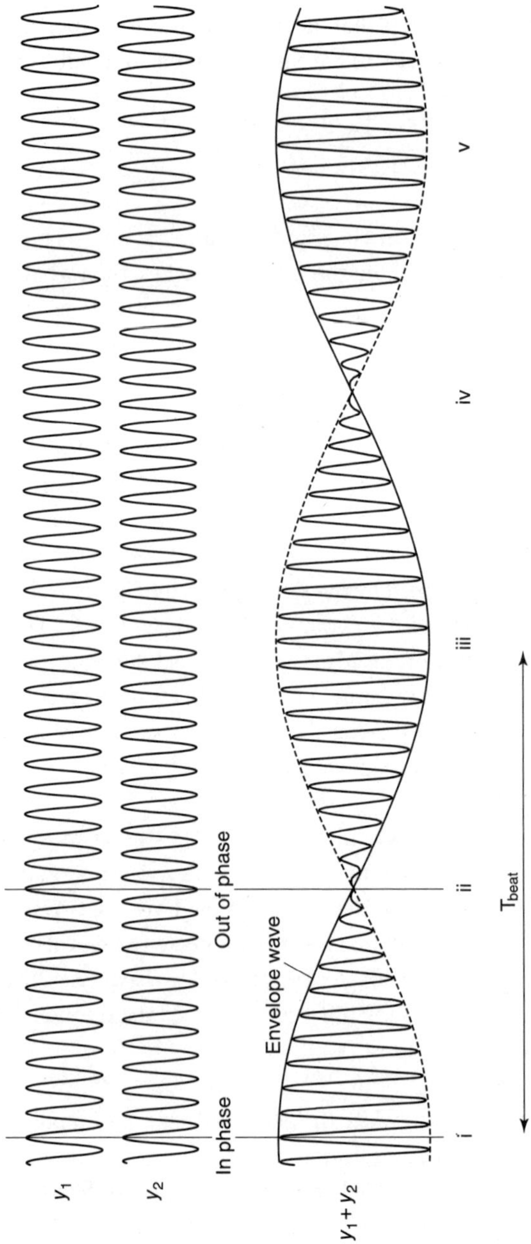
y1
y2
y1 + y2
In phase
Out of phase
Envelope wave
i
ii
iii
iv
v
Tbeat

13. Beats.

which controls a set of slightly out-of-tune pipes. When played along with normal pipes, the beats produced make a pleasantly wavering sound.

Instrumental break

The conventional way to classify musical instruments is partly by what they were originally made of, hence strings, brass, woodwind, and miscellaneous (percussion). Another way is by whether an instrument is pitched (like a piano) or unpitched (like maracas). Any piece of music needs rhythm, and using a non-pitched source avoids dissonances with the 'melody' instruments. It is not essential that the rhythm source be a musical instrument: Jean-Baptiste Lully (1632–87) used to thump a big stick on the ground. This is no longer fashionable, perhaps partly because Lully died from it, having hit himself on the toe and contracted terminal gangrene as a result. Drums soon became a more popular source, though they are also used as a source of the 'actual' music. For this reason, while drums such as bass drums and snare drums are unpitched, kettle drums are pitched.

Most pitched instruments make their notes either by striking, plucking, or bowing a string, wire, plate, or other solid object, or making a column of air vibrate by providing it with energy from lungs or bellows. In every case, it is resonance plus overtones (and, in the case of bells, undertones, also called subharmonics) that provide the required sound.

This makes it seem simple to construct a musical instrument, but there are three complicating factors. The first is that an object such as a metal plate will not only resonate at a wavelength twice its length, but also at wavelengths twice its width and thickness—and it will produce other sounds as it twists, too.

The second point—a very useful one for string players—is that when an object such as a 120 cm string is struck (or plucked or bowed) it will move in a pattern determined not only by its length but also by the position of the striking point, since that point has no option but to be an antinode. The ends of the string have no choice but to be nodes, so if the string is struck at a point 40 cm from an end, it will make a fundamental with a node-antinode distance of 40 cm, and hence a wavelength of 160 cm. There will be another sound with a node-antinode distance of 80 cm. These components will fade rapidly as the string's vibration shifts towards its natural mode of vibration, which is to have an antinode at the centre and hence make a 240 cm wavelength tone. The subjective effect is that near-centre plucking produces a mellower sound, near-end plucking a harsher one.

Pipes and tubes behave in a somewhat similar way. In an open pipe, the simplest motion is one in which there is free movement at the open end and none (since there can be none) at the closed end: so a 12 cm pipe will have a fundamental with a node at 0 cm and the first antinode at 12 cm (plus a bit due to the end correction), hence a wavelength of about 48 cm. But, just as in a string, this is not the end of the story: though the fundamental is defined by the pipe's length, other resonances will be produced according to its width. The mixing of these with the fundamental and its overtones produce different timbres: in wider tubes, there is more energy in lower harmonics and the timbre is more rounded, while thinner pipes are brighter (or shriller, depending on your taste).

The final consideration for instrument makers is that a string held between two points makes a very quiet sound indeed, because its very thin cross section only affects a tiny surrounding volume of air. In order to turn the string into a musical instrument, a much greater volume of air must be put in motion. In an electric guitar, this is accomplished by using the vibration of the metal string to induce a small electric current in pickups (magnets wound with fine wire). In acoustic guitars and other stringed instruments, the wooden soundboard (top) is vibrated by the string and its large area moves much more air than the string alone. Also, at low frequencies the hollow bodies of such instruments act as Helmholtz resonators.

Non-electric instruments do not add energy. Rather, they convert the energy provided by bow, plectrum, or air blast to an acoustic form. In cases where the body of the instrument shifts the frequency towards the 4 kHz region, this will sound louder, despite the fact that the sound power is actually reduced a little by frictional losses. This loudness increase stems from the construction of our hearing systems, as we shall see in Chapter 4.

Chapter 4
Hearing sound

The range of hearing

Being able to hear is unremarkable: powerful sounds shake the body and can be detected even by single-celled organisms. But being able to hear as well as we do is little short of miraculous: we can quite easily detect a sound which delivers a power of 10^{-15} watts to the eardrums, despite the fact that it moves them only a fraction of the width of a hydrogen atom.

Almost as impressive is the range of sound powers we can hear. The gap between the quietest audible sound level (the *threshold of hearing*, 0 dB) to the threshold of pain (around 130 dB) is huge: 130 dB is 10^{13}, which is the number of pence in a hundred billion pounds.

We can also hear a fairly wide range of frequencies; about ten octaves, a couple more than a piano keyboard. We can detect, though not truly hear, frequencies well below and above this too, as will be explained in Chapter 6. And our frequency discrimination is excellent: most of us can detect differences of about a quarter of a semitone; with practice and in ideal conditions, a difference of about one-twentieth of a semitone is just distinguishable. Our judgement of directionality, by

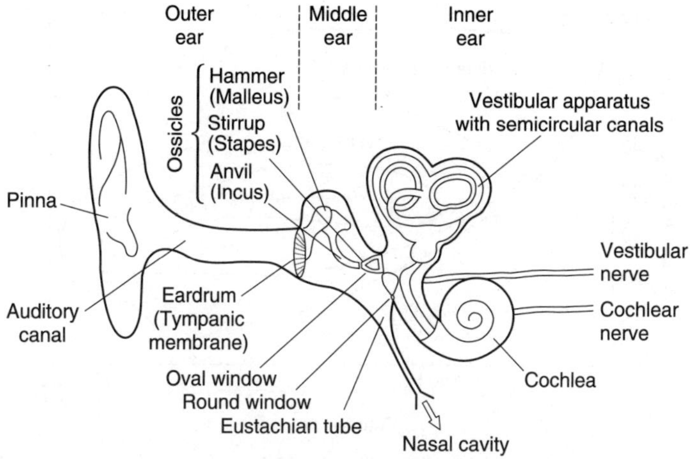

14. The ear (the middle and inner ears are greatly enlarged).

contrast, is mediocre; even in favourable conditions we can only determine the direction of a sound's source within about 10° horizontally or 20° vertically; many other animals can do very much better.

Perhaps the most impressive of all our hearing abilities is that we can understand words whose levels are less than 10 per cent of that of background noise level (if that background is a broad spread of frequencies): this far surpasses any machine.

Our ears have two functions, hearing and balance, and balance is taken care of entirely by the semicircular canals (see Figure 14). The rest of the ear has thus been free to evolve the best possible system for our needs. Not so our vocal apparatus; as a relative latecomer in our evolution it had to fit itself in cheek by jowl, sharing structures previously earmarked for breathing and eating, licking and sucking, kissing and fighting. Yet, in a trained actor or accomplished singer, the speech system functions just as perfectly as a Stradivarius violin.

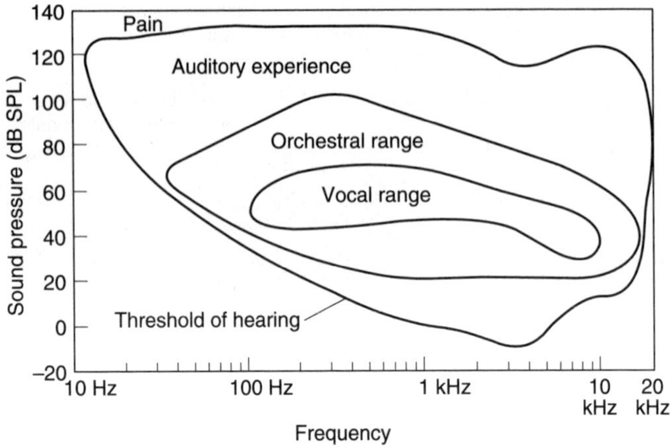

15. Frequency dependence of hearing.

What do ears hear?

As Figure 15 shows, our hearing systems have not evolved to measure the physical powers of sounds: a piccolo, for example, has a maximum power of about 0.08 watt, while a trombone can manage about 6 watts, yet it sounds the quieter instrument. This means that trombone players must work a lot harder than piccolo players (who in fact never play at full blast in any ordinary piece of music). But all instrumental powers are low. A loud orchestra playing at full stretch might manage 60 watts; if it could keep it up for two minutes, that would be enough to boil a tablespoon of water.

Moreover, this power spreads from the source in many directions, so, if you were sitting 10 metres from such an orchestra, less than 0.01 per cent would reach your eardrums. And what they actually detect is nothing more than a series of rapid prods of air, which carry no information other than how hard they hit and how rapidly they arrive. That we can experience a whole world of sound, charged with emotion and packed with meaning, is due to the precise coordination of highly evolved anatomical, electrochemical, and neurological processing systems.

The outer ear: capturing the sounds

The pinna, the visible part of the ear, acts mainly as a funnel to collect sounds; its front-to-back asymmetry also provides some information about their direction. The moveable pinnae that some mammals possess greatly assist in direction finding; though some of us also have this ability too, it is of no benefit beyond its entertainment value.

Since the auditory canal is a cylinder around 30 mm long, it has a resonance at a wavelength twice this, corresponding to a frequency around 3 kHz. The gain in energy at this frequency results in a loss at others, so the canal acts as a partial band-pass filter.

At the end of the canal is the eardrum (*tympanic membrane*), a roughly circular disc of stretched skin about 1 cm across. It is inclined at an angle to the canal, to maximize its area and so capture as much force as possible. It is also slightly conical, which allows it to transfer more energy than it could if it were flat. The drum has no resonances—for frequencies above ~3 kHz, its surface moves in a chaotic way, and for lower frequencies it all moves as one piece, since the waves are larger than it is. As a result it transfers the widest possible range of frequencies with minimal filtering. This near-flat frequency response is achieved in part through its asymmetric shape and in part through an internal scaffold of collagen fibres.

It is important that the drum is taut but not stiff, and this is made possible by the equalization of internal and external pressure by the Eustachian tube (always drawn as open despite the fact that it never is, except for an instant when there is a significant pressure change—making a distinctive crackling sound when it operates).

The middle ear: sharpening the blow

The eardrum is connected to a series of three tiny (tiniest, in fact) bones called ossicles, which occupy the air-filled middle ear. Their main job is to covert the wide shallow motion of the eardrum to a higher-pressure 'tap' on a second drum-like membrane called the round window, which is the gateway to the inner ear. By working as levers, the ossicles increase the force by about 1.5 times. However, the main way in which the force is enhanced is simply through the ratio of the areas of the eardrum and the round window, which increases the pressure about twenty times by concentrating the force over a smaller area. The ossicles also provide some protection for the inner ear, through the acoustic reflex (see Chapter 8).

The inner ear: sound to electricity

The inner ear is full of liquid, and, just as the eardrum converts airborne sound to bone-borne, so the round window converts the latter to a fluid-borne version. This passes along the cochlea, a coiled tube about 2 cm long. At its extremity is a hole (the *helicotrema*), and the wave passes through this and then travels back along a second tube which is joined along its length to the first. When the wave has completed its doubled-back journey, it must be eliminated, otherwise it would reflect back up the cochlea and interfere with newly arrived waves. So, the second tube terminates in yet another membrane, the oval window. This bulges outwards when the waves reach it, dissipating them as heat.

Running between the tubes like the filling in a baguette is the basilar membrane, which converts the waves to nerve impulses.

The side-by-side tubes would be about 5 cm long, were they not coiled up like a snail (*cochlea* is Latin for snail). Because the length of the cochlea is related to the wavelength of sound waves, it is similar in all mammals: only about 50 per cent longer in an elephant than a person, so the coiling is probably simply a space-saving measure, rather than having any acoustic function. Mice and other tiny mammals cannot accommodate a full-size cochlea. Theirs are about 1 cm long—and consequently they can only hear about three or four octaves compared to the eight to ten octave range which we and most other large animals can detect. On the membrane is mounted the organ of Corti, on which grow around nine rows of short hairs called stereocilia (around 400 per row). These rows run the length of the membrane, and have nerve fibres attached to them. These fibres bundle together to form the auditory (cochlear) nerve, which transmits impulses to the brain.

The basilar membrane moves in response to the sound waves that impinge on it. It is stiffer and wider at its root than at its tip, which means that lower frequency sounds cause oscillations closer to the latter. These oscillations cause the stereocilia to move, and the hair cells to which the stereocilia are attached then send electrochemical impulses to the brain. Since the brain knows which cells are where, it can determine the frequency of sounds by this means (this is known as place theory). However, when presented with sounds below about 1 kHz, the whole membrane oscillates. In this case, a different mechanism becomes important, in which the hair cells fire in time with the pulses that make up the sound wave—firing one hundred times a second in response to a 100 Hz tone for instance.

However, the cells are incapable of firing more rapidly than about 500 times a second. To respond to higher frequencies they therefore face a similar problem to that of a squad of soldiers armed with flintlocks which take, say, a minute to reload: how can the squad produce sustained gunfire at intervals of 10 seconds? The answer is to divide the squad into six groups. The first group fires and starts to reload. Ten seconds later, the second group fires, and so on. Ten seconds after the sixth group has fired, the first group will have completed its reloading and will fire again. Hair cells work in groups in just this way: the first group might signal the brain when a cycle of the sound wave is at its peak, the second when that cycle has fallen halfway to its minimum, the third at minimum and the fourth when it is halfway back up to maximum. In this way, such a quartet of cell-groups could respond to a tone four times higher in frequency than their individual maximum firing rates.

The hair cells of the basilar membrane also work together in a very different way: those in the eight or so outer rows respond to incoming sound waves by changing their lengths in time with them. This motion amplifies the vibrations of the stereocilia on the inner row of hair cells (the only ones that send signals to the brain) and hence provides significant amplification, allowing us to hear sounds which are 40 dB (one ten-thousandth) less powerful than we otherwise could. This activity generates its own faint sounds, called otoacoustic emissions. These emissions are of great value in determining the functionality of the hearing system in infants who are too young to report whether or what they can hear. Also, they often fade when there is any damage to the inner ear, so they are a useful check for audiologists (hearing specialists) too. They are (fortunately) far too quiet to be heard, so sensitive in-ear microphones are used to measure them.

Nerves and brain: objective to subjective

The nerve signals that emerge from the basilar membrane are not mimics of sound waves, but coded messages which contain three pieces of information: (a) how many nerve fibres are signalling at once, (b) how far along the basilar membrane those fibres are, and (c) how long the interval is between bursts of fibre signals. The brain extracts loudness information from a combination of (a) and (c), and pitch information from (b) and (c).

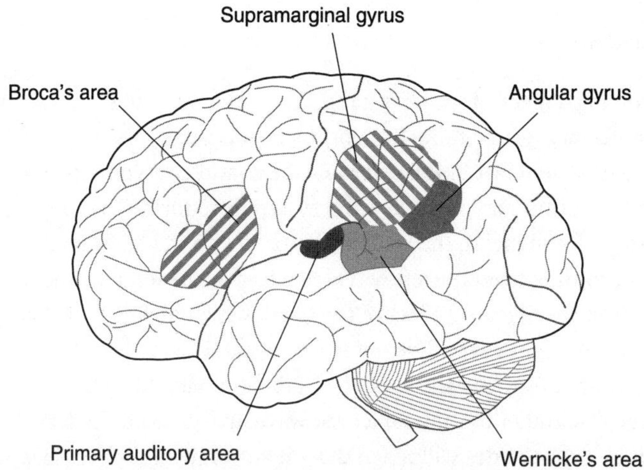

16. Locations of hearing, language, and speech activities in the brain. The primary auditory area recognizes sounds. Broca's area both analyses and produces semantic elements. Wernicke's area deals with the sequences of speech sounds (heard, made, and remembered). The supramarginal gyrus may deal with articulation, and the angular gyrus may assist with semantic processing.

What happens in the brain's hearing and language centres (see Figure 16) is not entirely clear, but the first stage in processing is to extract salient features from the stream of input data from the auditory nerve. These features are then used to continuously update, amend, and refine a mental model of the thing being listened to—perhaps a tune, a spoken phrase, or a worrying engine noise. The model's accuracy is tested by predicting what the sound will do next. What the brain is trying to do is establish the degree to which each component of a sound contributes to the meaning, a process called hierarchical encoding. Our incredible prowess in performing this function is demonstrated by our ability to, for example, recognize that someone is trying to hum 'Somewhere Over the Rainbow' even if they get most of it wrong. The speed with which the mammalian brain interprets the sounds that reach the ears is almost incredible—say 'squirrel' to a dog who knows the word, and the response is almost instantaneous.

Homing in

Following a piece of music is a rather unusual and newfangled (in evolutionary terms) thing for a brain to do: usually the focus of interest is an object in the external world, and consequently an important function of the hearing system is to locate that object. For high frequencies, the brain relies partly on the fact that a sound coming from the left will arrive first at the left ear, and partly on the blocking effect of the head, which means that the level at the right ear will be lower. For a sound wave longer than the distance between the ears, the brain compares the changing levels of sound at the ears: if a long wave arrives from the left, each of its antinodes will reach the left ear first, so the pressure at that ear will initially be highest. As the wave progresses, the left ear pressure falls while the right rises until the antinode passes it, when it will begin to fall again. However, with a wave more than about 4 metres long, there is very little change in level over the inter-ear distance, so its direction cannot be judged.

To determine whether the sound source is above or below the ears, the brain relies on the effects of the shapes of the head and shoulders on the level of the sound. Direction finding is not the only advantage of having two ears: the auditory nerves sometimes fire even when no sound is present, but the brain will reject such signals if they come only from one side.

The brain's processing system has evolved to make reasonable assumptions about the sounds it receives, leading to such phenomena as the precedence effect (also known as the law of the first wave front or the Haas effect). The brain's assumption is that a sound that arrives in the first fraction of a millisecond indicates the direction of the sound source. So, subsequent sounds are regarded as coming from the same direction as the first. This allows us to locate a sound source in dark spaces without being confused by echoes arriving from many directions. Such assumptions can mislead, especially in situations that would not occur naturally: for instance, if one listens to a sound from a loudspeaker about a metre away and at 45° to the left, and this sound is gradually replaced by an identical one from a loudspeaker at 45° to the right, the sound will still seem to come from the left.

A very useful feature for people trying to communicate in crowds is the cocktail party effect, in which particular phrases (such as one's name) stand out from the hubbub. This works for non-vocal sounds too: conductors are often highly attuned to particular instruments or musical phrases. This effect works because the brain is constantly model-building whether we are actively listening or not, and because it preferentially seeks matches with sounds that it has classified as having a significant meaning, like its owner's name.

The role of hearing is a very rich and complex one—as linguist Roland Barthes points out, sounds act on our minds in three ways: as 'indices' (the alarming sound of an explosion), 'signs' (the literal meaning of a word), and 'signifiers' (unconscious associations triggered by a word like 'end'). And hearing is also very much a social activity too—according to Labelle:

> the rich undulations of auditory material do much to unfix delineations between the private and the public. Sound operates by forming links, groupings and conjunctions that accentuate individual identity as a relational project... [and] weave an individual into a larger social fabric... contributing to the meaning of shared spaces.

Labelle points out, too, that whether we like it or not, sounds bring us into intimate contact with others: crying babies, noisy neighbours, or cheering fellow football supporters. As he puts it: 'Sound creates a relational geography that is most often emotional, contentious, fluid.'

Hearing bones

The eardrums are wonders of evolutionary engineering, but we can actually hear fairly well without them, since sound waves also reach the inner ear by travelling through the bones of the head, specifically the mastoid bone behind the ear. Submerging one's ears in the bath largely switches off the airborne route so the sounds that remain arrive mainly by bone conduction. This system is rather insensitive however: using air conduction, we can hear sounds about 40 dB less powerful than the weakest detectable through our mastoids. On the other hand, bone conduction allows us to detect sounds with frequencies up to 30 kHz, which is well beyond the upper frequency limit of the airborne route—but, presumably because such sounds are of little value to us, they are all encoded in the same way, so they give rise to the same pitch sensation as 20 kHz sounds.

Bottlenose dolphins (*Tursiops truncatus*) take bone-based hearing much further: their jaws bear teeth that are spaced at regular intervals and set at the same angle, are all of a very similar shape, and have heights that depend upon their location. This adds up to a *focussing array*, in which sound waves of particular wavelengths are significantly amplified—but only if the source is directly ahead. Thus, the dolphins can hear very quiet sounds, and can determine their directions simply by moving their heads until the loudness is maximized.

Deafness

The hearing system is a delicate one, and severe damage to the eardrums or ossicles is not uncommon. When it occurs we must rely instead on bone conduction and artificial aids: Edison used his teeth to transfer the sounds from his phonograph to his mastoid, as the marks on the device still testify.

This condition is called conductive hearing loss. If damage to the inner ear or auditory nerve occurs, the result is sensorineural or 'nerve' hearing loss. It mostly affects higher frequencies and quieter sounds; in mild forms, it gives rise to a condition called recruitment, in which there is a sudden jump in the 'hearability' of sounds. A person suffering from recruitment and exposed to a sound of gradually increasing level can at first detect nothing and then suddenly hears the sound, which seems particularly loud. Hence the 'there's no need to shout' protest in response to those who raise their voices just a little to make themselves heard on a second attempt.

Sensorineural hearing loss is the commonest type, and its commonest cause is physical damage inflicted on the hair cells. With very high levels of sound, the eardrums can be ruptured (and they can also be damaged by blows to the head or by infection). Remarkably however, burst eardrums can not only heal, they usually then perform almost as well as before.

About 360 million people worldwide (over 5 per cent of the global population) have 'disabling' hearing loss—that is, hearing loss greater than 40 dB in the better-hearing ear in adults and a hearing loss greater than 30 dB in the better-hearing ear in children (who make up about 10 per cent of the total). About one in three people over the age of sixty-five suffer from such hearing loss.

In terms of alleviating deafness, what can be done varies greatly. For conductive hearing loss, if some hearing function remains, hearing aids tailor-made to fit the wearer's particular pattern of loss are highly effective. They may also be equipped with noise-cancelling functions and often use directional microphones, so that the user can focus on sources that they are looking at. They can also include a vibrating element to stimulate the mastoid. Hearing aids are less successful in treating sensorineural hearing loss, because signals are distorted by recruitment.

With complete deafness the challenge is much greater, but in the last few years the introduction of fairly reliable cochlear implants has given new hope. And the future looks promising: in 2012, by encouraging stem cells to grow into hair cells, deafened gerbils had their hearing restored, typically by 45 per cent, but by 90 per cent in a few cases. This approach may one day be applicable to those people (around 10 per cent) whose hearing loss is caused by damage to nerves called spiral ganglion neurons. There are also some animals, including owls, in which lost stereocilia simply grow back, and it may be that this capability could be genetically induced in humans (without adopting the other peculiar feature of owl hearing, which is that it only works at its best in spring, presumably because owls need to catch extra prey for their chicks then).

There are a great many hearing problems which are not simply characterized by loss of function. The commonest is tinnitus: ringing in the ears. Its causes are largely mysterious, and the level, type, and duration of the sounds vary greatly from person to person. It is often associated with past infection, drugs (especially certain antibiotics), or trauma, and it frequently accompanies hearing loss.

Structures for speech

Around a million years ago, the hearing systems of our ancestors underwent subtle changes to fine-tune them—literally—to detect speech. We know little about the evolution of our vocal systems; although the ability to make sounds in a controlled way is common to most animal species, speech is immeasurably more complex. So, unlike the evolution of, say, the leg, we cannot look back at a long chain of ancestral forms and watch the system adapt to the changing requirements of those users and the shifting demands of their environments.

In its most basic form, the making of sounds is simple: Figure 17 shows the structures involved. Air exits from the lungs through a

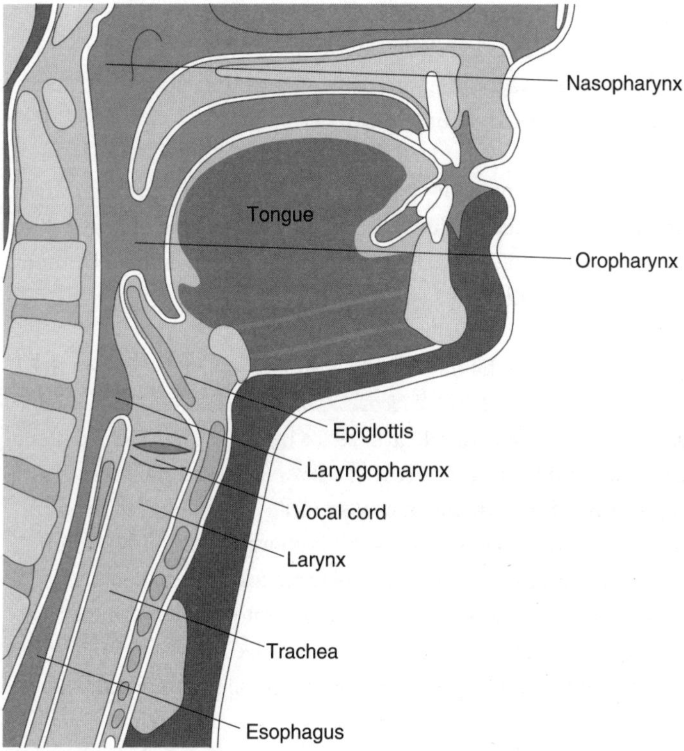

17. Vocal apparatus.

tube—the windpipe or trachea—which is equipped with flap-like vocal folds (vocal cords) that restrict the air flow and vibrate when they are tensed by muscles attached to them. Increasing this tension increases the vibration frequency, but the length of the folds sets its lower limit, resulting in fundamental frequencies round 125 Hz for men, 200 Hz for women, and 300 Hz or above for children. In boys, there is a sudden increase in length during puberty, which causes the 'breaking' of the voice.

After emerging from the end of the trachea, this low-frequency sound enters the back area of the vocal tract, roofed by the soft palate. In front of this is the hard palate. Together these structures form a cavity in which the sound forms resonances called formants. The characteristic wavelengths of vowels are set here, and varied by raising the tongue to change the volume of the tract or to divide it into two linked cavities.

Consonants involve more parts of the vocal apparatus than vowels, are usually shorter in duration, and, in many cases, change while they are being made. There are four main types, defined by their manner of articulation.

Plosives are made by the sudden stopping of airflow (hence their alternative name: *stops*). *Fricatives* and *liquids* require partial stopping, with or without turbulence respectively. *Nasals* deflect the airstream to the nasal cavity. *Glides* (*semivowels*) involve a rapid transition from one vowel sound to another. The unusual helpfulness of this naming system is shared by the subdivision of the consonants according to their place of articulation, as Table 4 shows. Also shown is whether or not the consonant is voiced—that is, whether the vocal cords are involved in making it. (Ventriloquists attempting to produce labial or labiodental sounds are stymied by the need to keep their lips separated and motionless. Skilled proponents of the art circumvent this by speaking very fast indeed at such points.)

Since the wavelengths of the resonances in the vocal tract depend only on its structure, changing the velocity of sound alters the frequencies of those wavelengths. Hence the 'Donald Duck' voice produced by breathing helium (14 per cent of the density of air), and the more rarely heard gravelly voice produced after breathing xenon, which is 4.6 times denser than air.

Life would be a dull thing, however, if all we did with our vocal apparatus was speak. *Singing* is, physiologically, no different from speaking except that every aspect of the sound made is more finely controlled, and pitch is often keyed to an externally defined value. *Whistling* does not involve the vocal cords: it requires the

Table 4. English consonants

Manner of articulation		Place of articulation						
		Labial (lips)	Labio dental (lips and teeth)	Dental (teeth)	Alveolar (gums)	Palatal (hard palate)	Velar (soft palate)	Glottal (glottis)
Stop	Voiced	b			d		g	
	Unvoiced	p			t		k	
Fricative	Voiced		v	th(en)	z	zh		
	Unvoiced		f	th(in)	s	sh		h
Nasal	Voiced	m			n		ng	
Glide		w			y			
Liquid					l & r			

production of turbulence around the lips, which transfers energy to the vocal cavity, which acts as a Helmholtz resonator. *Shouting* simply requires greater air force from the lungs. In *whispering*, the vocal apparatus works as it does when producing normal speech, except that the vocal folds are neither vibrated nor fully relaxed, so that when air passes through them it produces turbulence (this is called adduction). Since much more air can pass between the folds without exciting sound waves, whispering is necessarily relatively quiet.

Our hearing systems are far more sophisticated than our most advanced machines, and have evolved to suit us admirably. But what nature has given us is limited in range. In all but the tiniest groups of people, communication—which we prize so highly—must spread far beyond the reach of voice or of hearing, and it was to answer that need that first electricity and then electronics were pressed into service, to augment and to replace our flesh and our nerves. How they do this is the subject of Chapter 5.

Chapter 5
Electronic sound

Sound to electricity: microphones

As invented by Charles Wheatstone in the 1820s, the microphone was a purely acoustical device made of two metal plates clamped to the ears by a springy rod and a length of dressmaker's ribbon. To use it, one pressed one's head against the sound source (Wheatstone helpfully suggested a boiling kettle) which, with a bit of luck, could be heard more clearly. To no one's surprise but Wheatstone's, it didn't catch on.

The ancestor of today's devices—which convert sounds to electricity rather than simply directing them to the ear as Wheatstone's version did—was the carbon microphone, invented by David Hughes in the 1870s. In this, a thin metal plate (the diaphragm) compresses a vessel filled with carbon granules through which a current is passed, and the compressive force alters the electrical resistance. Although their performance was very poor, carbon microphones were used in telephones for decades.

Although there have been many microphone designs over the years, and several specialist types are available today, only three major ones are now in common use: the dynamic or moving coil microphone, the condenser microphone, and the piezoelectric microphone.

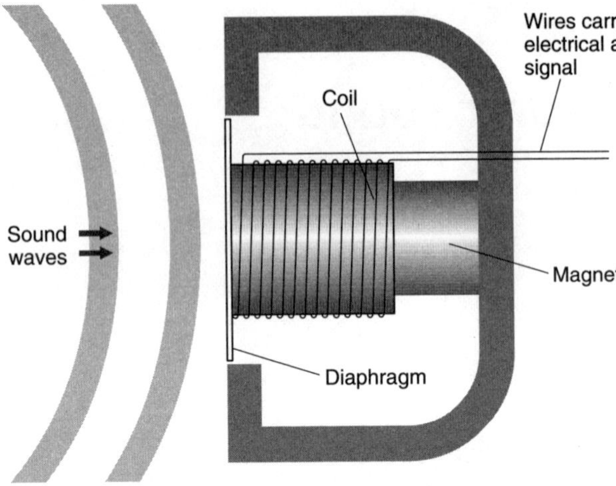

18. Dynamic microphone.

In a *dynamic microphone* (Figure 18) the diaphragm is attached to a coil of wire that surrounds a stationary magnet. A small voltage is induced in the coil when it moves, which in turn gives rise to a weak current. The low voltage means that the quality of the response is too poor for measurement work, so dynamic microphones are mainly to be found in concerts and recording studios.

In a *condenser microphone* (Figure 19), the diaphragm forms one plate of a capacitor (formerly called a condenser, hence the name). A capacitor is a pair of parallel metal plates with a thin layer of either air or some other material which does not conduct electricity (known as a dielectric) between them. Attaching one plate to the negative pole of a battery charges it with electrons. All metals contain free electrons, and those in the other plate are repelled by the electrical field arising from the large number now residing in the negative one. The repelled electrons flow from that plate, to leave it positively charged. The whole capacitor, therefore, now has a voltage (called a polarizing voltage) across it, and the microphone is ready for use: the diaphragm plate moves in and

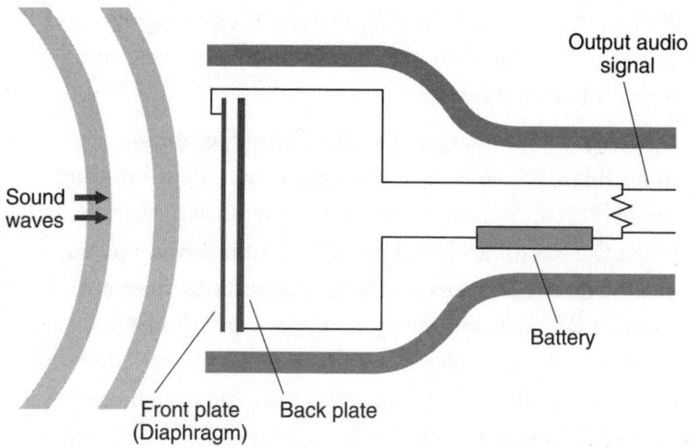

19. Condenser microphone.

out with the compressions and rarefactions of the sound waves that impinge on it. A large electrical resistance stops the charge from rapidly escaping, so instead the sound waves are transformed to patterns of voltage ripples. Condenser microphones have an excellent frequency response and are used as measurement microphones in laboratories and in SLMs. They also respond more rapidly to sudden sounds than do dynamic microphones.

Crystal microphones and *ceramic microphones* exploit the piezoelectric effect, in which quartz or some other crystalline material produces a voltage when slightly compressed. Most landline telephones use these, as do call-centre headsets.

Other types of microphone, of historical or specialist interest, include the following:

Electret microphones are made of permanently charged material (the electrical equivalent of a magnet). They function in a similar way to condenser microphones.

MEMS (microelectromechanical systems) microphones are condenser microphones etched directly on to silicon chips.

Just a few square millimetres in area, their cheapness and robustness means they are used in mobile phones, among many other applications.

Optical microphones use a shiny silicon membrane as a diaphragm, which reflects the light from a light-emitting diode (LED). A photo detector measures changes in the light when the membrane is vibrated by sound waves, and an electronic circuit converts these changes into an electrical signal. Such microphones are compact and robust and are unaffected by local electromagnetic fields, so they are used, for example, to allow communication between patient and staff during MRI scans.

Pressure zone microphones (PZMs) are designed for use near a hard reflective surface (such as when placement directly on a stage floor is required). With a conventional microphone, reflection from the surface would interfere with the direct sounds to the microphone, but a PZM overcomes this by having its diaphragm so close to the surface that most wavelengths overlap.

Ribbon microphones use a strip ('ribbon') of metal rather than a diaphragm, and unlike the eardrum and most other kinds of microphone, they respond to the pressure difference between the ribbon's sides, which mean that velocities with which air molecules in the sound wave move are detected, rather than sound pressure patterns. Such microphones are often used by commentators in noisy surroundings, because a sound which comes from all directions will impact both sides of the ribbon simultaneously, so that it will not respond. For this application, the microphones have a projection that is held to the upper lip, which helps guide the commentator's voice so that it impinges on one side of the ribbon only.

An alternative for capturing speech in noisy environments is the *lavalier microphone*, which is a small clip-on electret or dynamic microphone. Lavaliers have the advantage that they can readily be concealed under clothing.

A *sound intensity probe* consists of a pair of face-to-face microphones which measure the pressures of different parts of the same sound wave. From these the molecular velocity and hence the sound intensity is calculated.

An important criterion in choosing a microphone is directionality: an ideal omnidirectional microphone is equally sensitive to sound from any direction, and is required to capture a full soundscape, for example. A unidirectional microphone, which picks up sound from one direction only, is ideal for picking up speech or song in noisy environments.

Except for the ribbon microphone and sound intensity probe, every type is naturally fairly omnidirectional in response, providing that the wavelengths of the sound waves that impinge on it are larger than the diaphragm. In order to make a microphone sensitive mainly to sound from immediately in front or behind (bidirectional), all that is needed is to allow the back as well as the front to be open to the air. The diaphragm will not move very much in response to sound waves arriving from all around it, because the rise and fall of pressure at the front would be very similar to that at the back. But any waves incident on the front or back face of the microphone will be picked up readily.

A simple way to achieve directionality is to mount a microphone at the focus of a reflector whose cross section is a parabola. This shape reflects incident sound waves on to the diaphragm, as long as they are smaller than the reflector. Alternatively, a microphone can be mounted at the end of a tube with slits along its sides, to make a *shotgun (boom) microphone*. Sound waves passing straight down the tube travel unimpeded to the microphone, but those from other directions enter through the slits. Each such sound will enter multiple slits, so many versions of it will be formed, each with a different phase. The versions will therefore largely cancel each other out through destructive interference. Shotgun microphones are widely used for outdoor recording, often accompanying cameras. They are, however, highly frequency dependent.

Electricity to sound: loudspeakers

Loudspeakers are microphones in reverse: if a dynamic, condenser, crystal, or ceramic microphone is supplied with a varying current, it will vibrate to produce sound waves (such microphones are therefore referred to as reciprocal transducers). Most actual loudspeakers are dynamic microphones in reverse, and are called moving coil loudspeakers (Figure 20). As the name implies, an electrical signal is fed to a coil (the voice coil) attached to a diaphragm which is usually in the form of a cone. The coil surrounds a magnet and the electromagnetic field set up in the coil by the signal causes it, and the diaphragm, to move.

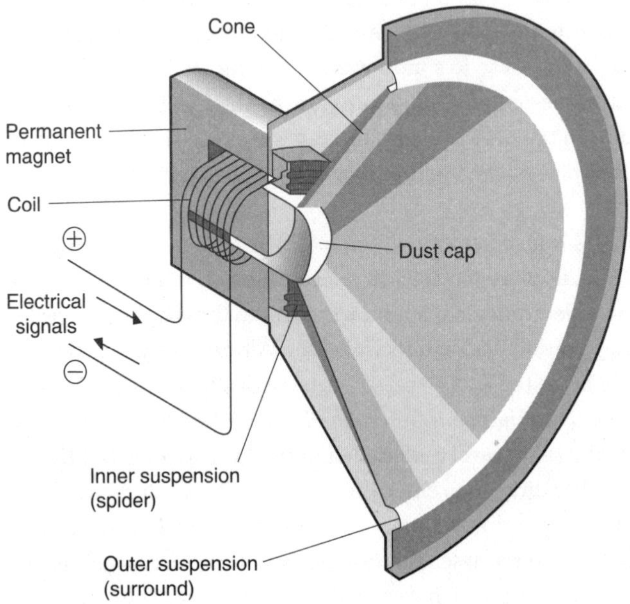

20. Loudspeaker.

Loudspeakers are intrinsically inefficient devices: most of the electrical energy that passes into them appears as heat, with only about 1 per cent being audible. Hence, amplification is vital. Transistors make amplification a simple matter today, the main challenge being to ensure that each frequency is amplified to an appropriate extent, which, given the non-linear attributes of the hearing system, means that different degrees of amplification must be applied to different frequencies if the pitch envelope of the output sound is to remain unchanged. It is essential to deploy them with care. Quite apart from the deleterious effects on hearing, loudspeakers can be easily damaged, especially by artificially produced sounds, which may have an extremely fast rise time. Also, if the microphone picks up the sound of the loudspeaker to which it is sending its output, a positive feedback loop is set up, resulting in an all too familiar squeal.

Loudspeakers are the least hi-fi link in the music production chain: though simple in principle, their design presents many practical challenges. The voice coil must return to exactly its start position when the signal falls to zero, with no oscillation beyond it, and yet must be free to move. The cone must hold its shape while it vibrates, be very light, yet rigid enough not to sag under gravity; large enough to move large volumes of air at low frequencies (where only powerful waves are audible), yet small enough so that they can move back and forth over 10,000 times a second at high frequencies. Also, the casing must not resonate at any frequency.

In practice, it is much easier to use speakers in groups, usually all in the same unit—a small tweeter for frequencies above 2 kHz, a larger mid-range speaker (50 Hz to 5 kHz), and a woofer (30 Hz to 800 Hz). For those who love lots of bass, there may also be a subwoofer (20 Hz to 200 Hz).

Subwoofers are usually *active* loudspeakers, which means they contain their own amplifiers (and hence need their own power supply). Most other speakers are passive, driven by a signal which has already been boosted by an amplifier within the hi-fi (or other) system.

A loudspeaker without a case is almost silent, for the simple reason that the high-pressure pulses generated at its front simply slip round to the back to fill the low-pressure area that has just formed there. Hence, loudspeakers may be mounted in an airtight box. If the box is small, however, the air in it resists being compressed as the diaphragm moves in. An alternative solution is to place the diaphragm in the centre of an annulus called a baffle. The baffle must be large enough such that, by the time the pressure pulse has travelled round it to the back of the diaphragm, the low-pressure area there has gone (or, to put it another way, the distance the sound waves must travel is longer than a quarter of a wavelength for the longest waves—the lowest frequencies—of interest).

Helmholtz resonance can be used to extend the low-frequency performance of a loudspeaker. A hole (*port*) is made in the front of the box in which the speaker is mounted, and the cavity then resonates at low frequencies. If the resonant frequency of the box lies below that of the speaker, a pressure pulse produced when the speaker diaphragm moves back (the backwave) will make its way within the box to emerge at the port, where it will be in phase with a new pulse just produced by the front of the diaphragm. These two in-phase pulses will reinforce each other. This applies to pulses which make up waves of any frequency that falls between the resonance frequency of the diaphragm and that of the box.

One disadvantage is that the puffs of air from the port can sometimes be heard, and another is that sounds are less crisp because each signal is followed by a short fading 'tail' of resonances. Also, pulses forming sound waves with frequencies below that of the port are cancelled out by the subsequent wave from the diaphragm. Frequencies above both resonances are neither enhanced nor reduced.

Our brains are so good at filling in gaps in sounds that we can exploit this to make do with quite basic loudspeakers. In nature, a set of tones of 200 Hz, 300 Hz, 400 Hz, and 500 Hz will almost always be harmonics (overtones) of a fundamental at 100 Hz. Because the brain's hearing centre (see Figure 16) 'knows' this, it will confidently decide that the 100 Hz is actually there. But, if the set of tones is coming from a small loudspeaker, it's likely that there will not in fact be a 100 Hz tone present. This effect is known as the missing fundamental, and is why the lack of low frequencies in the Epidaurus theatre (Chapter 1) did not sound strange: the hearing centres of the audience interpolated them. It also explains the relative clarity of the earliest telephones, which did not transmit low frequencies well.

The introduction of effective microphones, amplifiers, and loudspeakers revolutionized the record industry—and this revolution could be rapid since the records themselves did not need to be changed. Social changes soon followed: quite suddenly, almost anyone could access music, and select what they listened to as well.

According to sound studies expert Jonathan Sterne, such new sound media 'called into question the very basis of experience and existence'. And the effects on performers were profound: as music historian Robert Philip points out, many were aghast at the number of errors they heard in their recorded performances. Musicologist Mark Katz suggests that such performers became trapped in a 'feedback loop' in which they attempted to produce more and more 'perfect' performances, only to be disappointed all over again when they listened to recordings of the result. As a result, performance became less individualized, more standardized, and lost spontaneity. The experience of listening to recordings caused another kind of feedback too: violin vibrato, for example, was originally a phonographic effect, but was soon being imitated by performers.

The next revolution in this field was the invention of stereophonic phonograph recording in 1933, achieved by recording the two channels on the two walls of the groove, at 90° to each other and 45° to the vertical. The introduction of stereo records meant that in principle the whole three-dimensional sound field of the original performance could be recreated, giving rise to questions of ideal speaker placement which have fascinated music buffs to this day. It also gave rise to the concept of 'fidelity', since what one was now doing was recreating an original performance. For a while at least—with advancing post-processing and mixing techniques, by the 1970s many pop pieces were never performed as such; much of their content was added after the band had gone home. For classical music however, faithful recording has remained key. Nevertheless, despite decades of interest by many millions of amateurs and professional listeners, recorders, performers, and players, 'fidelity' is still unquantifiable.

Storing sounds

Once the technology of amplification and loudspeaker design had been perfected, the main concern was the fragility of records. A whole culture developed concerning how to handle, house, clean, and—once correctly trained—play them. The auto-changer came as a great relief to some, though to others was regarded as either a spoilsport or an incipient record-damager. Partly because of this mystique and partly because of the high quality of some of their covers, vinyl records, and especially LPs (later called albums), were venerated as objects in a way that no other recording media have ever been, and a few are still sold to this day.

In 1964 analogue cassette tapes were introduced as a robust and compact alternative to discs, and to begin with were very popular: although recorded ones were readily available, many preferred to buy a vinyl record and (illegally!) transfer it to cassette to listen to while keeping the record pristine. Radio broadcasts could also be recorded in this way and the music centre, comprising radio, cassette recorder, and record player, became popular since it allowed cassettes to be recorded with a minimum of fuss.

There are two major disadvantages with tape, however: track selection requires time-consuming winding, and high-frequency hiss is unavoidable. The latter was reduced somewhat by the many variant Dolby systems on offer, all of which work by recording a version of the track with the high frequencies boosted, and then suppressing them on playback. This is an example of a technique called companding (a portmanteau of compressing and expanding).

Just as stereo spawned new interests and behaviours, so did tape. Mixer tapes were one outcome, and another was the Sony Walkman, which at last allowed music lovers to listen to their music wherever they happened to be, while only annoying people sitting next to them.

But what was needed was to do away entirely with analogue recordings, that is, those in which a sound is stored as a continuous varying pattern (whether physical, as in a vinyl record, or magnetic, as in a cassette tape). In a digital system, the recorded signal is encoded as a string of numbers, and once in that form it can be stored, transmitted, or copied with neither degradation of the signal nor increase in background noise.

At first glance, it may seem that in order to capture the intricacies of a complicated sound wave (like those in Figure 9), the amplitudes of a great many points of that wave must be measured and coded. In fact, the sound need only be sampled twice as frequently as the highest-frequency component that one wishes to preserve. So, to encode all frequencies in a signal up to 8 kHz, one must sample at 16 kHz (this is known as the Nyquist theorem). If one samples at a lower rate, the encoded data become distorted, an effect known as aliasing.

With the introduction of the compact disc (CD) in 1982, a wholesale shift from analogue to digital began. On a CD, digitally encoded signals are stored as patterns of dark pits in a shiny metal layer, which are scanned by a laser. The laser reflects from smooth areas but not from the pits; the CD player interprets the reflections as 1s and the non-reflections as 0s, and the strings of 1s and 0s encode the audio information as a sequence of binary numbers. Originally, CDs were claimed to have the impressive though not especially useful capability to play even if coated with marmalade. The claimants neglected to mention that the marmalade had to be applied to the upper side of the CD, as the coding is on the underside.

Nowadays of course, music is routinely bought, stored, and played without using physical media—audio files can simply be downloaded to a computer and played through a wide range of output devices. Often, the computer is part of an MP3 player (MP3 is short for 'Moving Picture Experts Group-1 or Moving Picture Experts Group-2 Audio Layer III').

The magic of MP3 audio files is how small they are: about one-tenth the size of equivalent CD files, which means a minute of MP3 music can be squeezed into a megabyte. This impressive reduction is achieved partly by a technique called Huffman coding, in which the symbols that appear most often are coded in the shortest possible way, and partly by coding more fully those frequency bands which people will notice most if they are disrupted (mainly speech frequencies), and providing only sketchy versions of those frequencies of less concern to us.

Because MP3 players take into account both the music and the listener in deciding what information to leave out when the song is compressed, Sterne has concluded that:

> the MP3 carries within it practical and philosophical understandings of what it means to communicate, what it means to listen or speak,

> how the mind's ear works, and what it means to make music. Encoded in every MP3 are whole worlds of possible and impossible sound and whole histories of sonic practices.... MP3 encoders build their files by calculating a moment-to-moment relationship between the changing contents of a recording and the gaps and absences of an imagined listener at the other end. The MP3 encoder works so well because it guesses that its imagined auditor is an imperfect listener, in less-than-ideal conditions. It often guesses right.

Efficient coding of music exploits the fact that, over billions of years, our hearing systems have evolved to respond to the sounds which are of most relevance to us. This, combined with limitations due to the nature of sound, restricts our immediate access to the world of sound to a frequency range which is only a thin slice of what is actually out there. Those unhearable realms are the subject of Chapter 6.

Chapter 6
Ultrasound and infrasound

Bat sounds

Many textbooks will tell you that you can hear from 20 Hz to 20 kHz. Don't believe them: if you are over twenty, you are probably deaf to sounds above 17 kHz. The high-frequency limit of our hearing declines so significantly and so predictably with age that a youth-repelling generator of higher-frequency sound called the Mosquito has been used by irate shopkeepers since 2009, as only teenage ears (and those of children and babies) are still capable of detecting the annoying tones the device produces. However, it is probably fair to say that we who cannot hear anything about 17 kHz are not inconvenienced by the fact, showing that it is of little evolutionary benefit to hear such high notes, otherwise we would have developed more robust hearing systems.

Nevertheless, we *are* missing out—not because the ultrasonic soundscape is an especially rich one, but because we cannot exploit some handy physical properties of sounds that are negligible at those frequencies that we can hear. The bat, however, is not so handicapped.

The sophistication with which bats employ ultrasound is astounding. In pitch darkness, an Egyptian fruit bat (*Rousettus aegyptiacus*) with an 80 cm wingspan can easily fly between vertical rods just 53 cm apart without touching them. To achieve such feats, and to hunt, bats use echolocation—generating ultrasounds and timing the delays until they hear the echoes—which inform them of the distances of nearby objects.

Sightless humans approximate this, judging distances to walls from echo delays, but what they end up with is not a vision of the world. It cannot be, at the wavelengths they can hear: imagine a jetty standing in a calm lake. A light breeze blows, forming ripples about a centimetre in wavelength, which bounce off the jetty's columns in circular patterns (Figure 21). Later, a gale sets in, making much longer waves, which roll past the columns as if they're not there. For waves of sound, the same principle applies: they are only affected by (and hence can only detect) obstacles larger than they are.

So, if a bat tried to echo-locate a moth using an audible tone—middle C, let's say, which has a wavelength of 132 cm—it would only succeed if the moth were well over a metre across. To detect a 1 cm moth, sound waves of at least 33 kHz are required. In fact, bats typically produce sounds of 80 kHz (smaller species produce higher frequencies, and the full range is about 40 kHz to 120 kHz). Such high frequencies allow them to deal not only with isolated objects, but with complicated three-dimensional distributions of twigs, leaves, and insects, many in relative motion to each other—and all in relative motion to the bat.

But it would do the bat no good to generate a continuous ultrasonic whine: the result would be a bewildering montage of overlapping, interfering echoes, impossible to decode. What bats need are pulses of sound, and they must be brief: if two moths are a centimetre apart, then, to produce separate echoes, a sound pulse must have passed beyond the closer one before reaching the second, and hence must be less than a centimetre in length, and therefore less than 30 microseconds in duration.

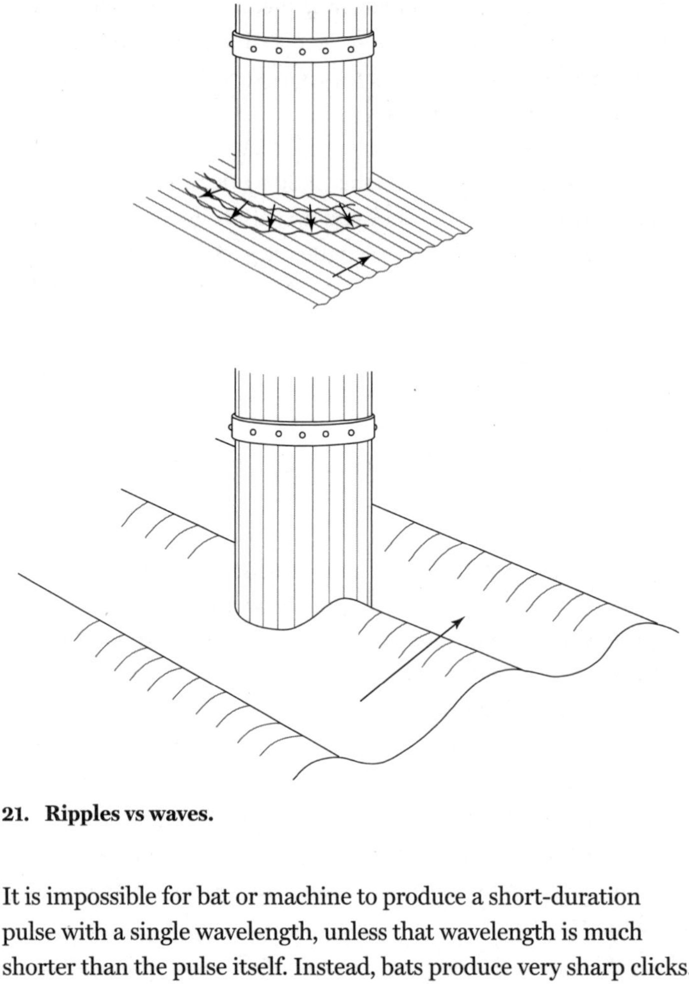

21. Ripples vs waves.

It is impossible for bat or machine to produce a short-duration pulse with a single wavelength, unless that wavelength is much shorter than the pulse itself. Instead, bats produce very sharp clicks. Thanks to Fourier analysis, we know that such a click is equivalent to a mixture of waves of different frequencies (Figure 12), and the sharper the click (that is, the quicker it rises from silence to maximum), the wider the range of frequencies produced—and thus the more accurately distances can be judged.

So is the ideal sound for a bat an extremely short-duration click? Not really: a short click means a low-energy one, which cannot travel far without fading. Humans faced this problem themselves in designing radar and sonar systems, and cracked it in 1960 with the invention of frequency sweep. This utilizes a relatively long pulse of gradually increasing frequency. The fairly long duration allows plenty of energy and hence range, and the changing frequency means that echoes from objects at different distances are distinguishable by the differences in their frequencies.

When bats use this frequency sweep technique, the pulses last about 2 to 3 milliseconds, during which the frequency falls (rather than rising as in the human version) by about an octave. The more such pulses a bat makes, the more information it receives, and so it modifies its click rate depending on the challenges it faces, from around ten pulses a second when cruising to as high as one hundred in a half-second period, when the surroundings become complicated or when nearing prey.

As discussed in Chapter 2, if the object from which a sound echoes is in motion (relative to the sound source), the frequency of that sound will be shifted by the Doppler effect. Both human and bat sonar systems exploit this to determine the velocities of such objects, with the distinction that, while our systems measure the change in frequency, bats modify the frequencies of their output pulses until the echoes they hear are the same as they would be, were the target stationary (so, for example, if a bat is approaching an object, the frequency of the echoes from that object rise, so the bat reduces the frequency of its output by an amount that brings the frequency of the echoes back down to match the bat's original frequency).

A different kind of sound

Another physical difference between ultrasound and the audible range is that ultrasound readily forms beams, which is of considerable advantage to bats. An 80 kHz tone passing through a 1 cm opening will form a conical beam which spreads to about

Box 9

Diffraction of sound through an opening: (plane) angle of spread, θ, is given by $\sin(\theta/2) = \lambda/d$; diameter of the opening d, wavelength λ.

90 cm wide at a 1-metre distance (Box 9). In bat species which project their ultrasound through their nostrils, interference effects between the two sources mean that the beams are narrowed further. Not only does this concentrate the acoustic energy, so allowing greater distances to be probed, it also reduces the number of distracting side-echoes. A 2015 study of bats approaching drinking pools showed that the bats opened their mouths wider when they were close to the water, presumably for this latter reason.

Evolution could no doubt have furnished bats with generators and detectors that work at even higher frequencies, but the absorption of such sounds by the air is an insuperable barrier. Experimentally it has been determined that, at the sort of conditions bats love best (25°C, 50 per cent relative humidity), 100 kHz sounds are absorbed by 3 dB per metre: that is, they fall to about half of their original intensity over that distance. Conversely, 30 kHz sounds are absorbed only at the modest rate of 0.7 dB per metre, which means their intensity falls by about 15 per cent. (The increase of sound absorption with frequency is the main reason why thunder sounds less crackly and more booming as distance increases.)

Why does this happen? Air is composed of molecules, all randomly drifting around at a range of velocities and frequently bouncing off each other. On a hot day, these velocities increase—in fact, temperature is just a measure of the velocity of a large group of molecules (Box 10). A sound wave is a sequence of alternating high and low pressures moving through the air, so at any given

Box 10

Absolute gas temperature (that is, as measured in kelvins) is proportional to the kinetic energy $\frac{1}{2}mv^2$, molecular mass m, molecular velocity v.

location reached by the sound, the air molecules will first bunch up close together and then spread apart, before bunching together again. When molecules bunch, they slow down, just as a people hurrying through a crowded station concourse in different directions go slower the more of them there are. When this happens, the energy of the molecules changes form: although they move around more slowly (their kinetic energy falls, in other words), they spin and stretch more (so, their internal energy increases).

An analogy might be to pairs of cricket balls linked by strong steel springs—a fairly accurate model of a diatomic (2-atom) molecule, like the molecules of nitrogen (N_2) and oxygen (O_2) which together make up 99 per cent of our atmosphere. As soon as the compressional part of the sound wave has passed and the molecules move apart again, they spin and stretch less, and move around faster once more. Play middle C, and the sound waves produced force the energy to switch back and forth between the kinetic and internal forms 262 times a second.

But, if the frequency is sufficiently high, the time available becomes so short that a molecule cannot complete the conversion of internal energy to kinetic energy quickly enough before it is time to reverse the process. As a result, the velocity of sound falls and the sound wave dies away rapidly. The actual frequency of the sound wave at which these changes begin depends on the medium, being far higher in solids and liquids than in gases. Other properties of the medium, especially viscosity, also contribute to this effect.

This phenomenon is very useful to us: as the ultrasound wave fades, its energy spreads through the medium, heating it up. This heating effect has many applications, including the internal warming of body tissues to improve blood flow or to treat damaged muscles and joints.

Medical ultrasound

Ultrasound has many other medical uses too, both in the areas of scanning (almost everyone in the developed world is now scanned before birth) and treatment (like the removal of dental tartar, where 25 kHz sound is used in conjunction with a water jet). Unlike many other medical treatments, ultrasound can be switched on and off instantly, often requires low-cost technology, and usually involves minimal patient preparation. The fact that ultrasound generators are relatively portable and need little ancillary equipment means that they can be used outside the hospital environment, from diathermy (deep-tissue heating) units found in many gyms to wound cauterization systems, deployed on battlefields to save the lives of soldiers who would otherwise perish from blood loss.

Ultrasound has been used for the treatment of tumours of many kinds—including otherwise inoperable brain cancers—by a technique called either HIFU (high-intensity focussed ultrasound), or HITU (high-intensity therapeutic ultrasound). As well as destroying cancerous tissues by heating them up (to about 90°C over regions about the size of a grain of rice), ultrasonically induced bubble formation in tumours has been used to make them more susceptible to chemotherapy. The main challenge in the use of ultrasound for treatments like these, which need precise and accurate targeting, is that the paths of the ultrasound beams depend on the densities and elasticities of the intervening body tissues. So, models of body parts made from artificial tissue-mimicking materials are used to calibrate and programme the equipment.

A more straightforward use of ultrasound in medicine is lithotripsy, in which high-power pulses simply pound kidney stones *in situ*, smashing them to pieces small enough to pass out with urine.

Scanning with ultrasound

One of the best-known uses of ultrasound is the scanning of foetuses. Since the diaphragm of a conventional loudspeaker could not move quickly enough to produce the megahertz frequencies required, a piezoelectric projector is used instead. Gel is applied to the abdomen, so that there is no air layer to reflect or absorb the sound. The ultrasound waves bounce off interfaces between media with different impedances, such as bone/muscle, or skin/amniotic fluid. Hence, by measuring precisely how long it takes for echoes to return from these interfaces (taking account of the differing sound velocities in each medium), their positions can be worked out. By moving the beam around, a detailed three-dimensional map can be calculated, and converted to a real-time video image.

Like most loudspeakers, a piezoelectric transducer is reciprocal—supplied with an oscillating current it produces a sound wave, and, conversely, when struck by a sound wave it generates an electrical signal. So, in a foetal scanner the scanner head acts as both the source of the ultrasounds and the detector of their echoes.

With very high-frequency sound beams relatively sharp images can be made: a 1 MHz (one million hertz) signal can image details at the millimetre scale, the exact value depending on the acoustic properties of the tissue bring viewed, and many scanners now go up to 15 MHz, or 50 MHz for eye and skin scanners.

But even this is paltry compared to the eight *billion* hertz signals generated by an acoustic microscope, which can consequently resolve details as small as 0.03 micron. Unfortunately, such high-frequency sounds are absorbed by almost all media before they have travelled a single millimetre, and the only useable exception is liquid helium—which will boil if not kept colder than 5 kelvin (–268°C). The elaborate cooling systems required mean that acoustic microscopes are not cheap: the reasons they are used at all are that they can probe under the surfaces of samples, and that some materials which are hard to distinguish from their surroundings visually are highly reflective to sound.

Outside the medical field, one of the commonest diagnostic applications of ultrasound is in the detection of flaws and cracks—in railway lines, for instance. To locate these, a series of sound bursts is sent along the object to be tested. In pulse-echo mode, the transmitter and receiver are positioned together: if a flaw is present, the pulses are reflected and their arrival times indicate the flaw position. In transmission mode, the detector and transmitter are separated and any changes in the pulses in transit indicate the presence of inhomogeneities in the test object. This approach can also be used for the determination of mechanical stresses in solids: because the elastic moduli of materials alter when stressed, their sound velocities also change locally.

The power of ultrasonics

Though thermal effects of high-power ultrasound have many applications, it can also deliver its energy through mechanical effects on the medium. The snapping shrimp provides a rare natural example of the use of the shocks and stresses made by ultrasound (together with audio frequencies) to kill. The loud and sudden click produced when the creature snaps its claw includes frequencies up to 200 kHz, powerful enough to kill or stun both prey and would-be predators alike.

Whether utilized by shrimps or humans, the mechanical power of ultrasound is usually delivered through cavitation, which is the formation and violent collapse of tiny bubbles. Almost all liquids contain such bubbles, made either of their own vapour or of air. When the pressure of a liquid falls, these bubbles grow (which is the cause of the frothing when a pressurized container of fizzy drink is opened). Since a sound wave is a sequence of low and high pressures, it causes bubbles to swell and shrink rapidly, and at high powers and frequencies the bubbles pulsate so violently they disrupt and implode, suddenly releasing their vibrational energy in the form of heat. The temperatures involved may exceed those on the surface of the sun, and can make the liquid glow with light (a phenomenon called sonoluminescence, which snapping shrimp also initiate).

Because the energy appears only within tiny volumes, the body of liquid does not get particularly hot. But the bursts of highly concentrated energy can be used to initiate chemical changes (sonochemistry), and to clean and sterilize submerged objects such as medical instruments. Cavitation-based cleaning is most effective in the 20 to 50 kHz range. At higher frequencies, ultrasound also causes agitation of liquids, which dominates cleaning effects in the range 100 kHz to 1 MHz. In practice, ultrasonic cleaning baths use both effects.

High-power ultrasound (without cavitation) is routinely used for fluxless soldering of printed circuit boards, in which the electrically heated tip of a soldering iron is vibrated at ultrasonic frequencies. At still higher powers, fine wires can be welded together, heated from within by the friction caused by ultrasonic vibrations. A great advantage of this is that, since the heating effect is restricted to the insonified (sound-filled) wires, the ultrasound does not heat up nearby components. Many other materials are welded ultrasonically; the frequency chosen depends on the size of the parts to be welded, from 60 kHz for the smallest elements to 10 kHz for the largest.

High-power ultrasound can even be used to levitate small objects. Although the forces involved are feeble, in microgravity environments such as the interiors of space stations they could be used to hold delicate instruments in position during assembly, or to prevent highly reactive chemicals from coming into contact with anything.

The outer limits: phonons

At extremely high frequencies, sounds behave in ways radically different to those with which we are familiar: just like electromagnetic radiation, in which the highest frequencies behave much more like particles than waves (hence the individual clicks of a Geiger counter in registering the presence of gamma rays), the highest-frequency sounds behave like particles called phonons. Their existence was discovered indirectly: by the late 19th century, it was known that a specific amount of heat was needed to raise the temperature of a substance by one degree. The specific heat of water is higher than that of, say, oil, which means it takes longer to boil a kettle of water than a kettle of oil.

Gases and solids have specific heats too, but there was a puzzling anomaly: increasing the temperature of a solid takes about twice as much heat energy as raising the temperature of the same amount of the same substance in its gaseous form. This means that solids (and certain liquids) must have a means of storing heat which is unavailable to gases. The mechanism is vibration: a molecule in a solid can oscillate around its equilibrium position, like a pendulum. But, unlike a pendulum, an oscillating molecule cannot slow gradually. The laws of quantum mechanics mean that it must jump from a rapid to a slow oscillation, and when it does so it transfers a phonon of vibrational energy to another molecule. The ways in which solids conduct heat and electricity can be accounted for by the behaviour of phonons.

Infrasound

As the lower frequency limit of human hearing is approached, the intensity of just-audible sounds increases: a pure tone that is just audible at 20 Hz is nearly 300 million times more powerful (all other things being equal) than a just-audible tone at 4 kHz. Such powerful low-frequency sounds are rarely encountered in air, but solid-borne versions are commonplace on construction sites, in underground stations, near motorways, and in seismically active areas, where they can easily be felt.

Low-powered airborne infrasounds, on the other hand, surround us all the time. They are even generated when we walk: the cyclic air pressure changes at our ears due to our up and down head movements constitute an infrasound wave at around 1 Hz. Sea waves generate infrasounds at around 0.2 Hz. The lowest-frequency natural sounds of all come from high in the air and deep underground: both aurorae and volcanoes produce infrasounds at around 0.01 Hz.

One of the key characteristics of infrasound is that it can travel far further than audible sound, through sea, ground, or air; in air, infrasounds from thousands of kilometres away (made, for example, by erupting volcanoes) can easily be detected, though not usually by microphones. Just as we feel, rather than hear, infrasound, so we use specialized barometers to measure it. Infrasound can also be detected by means of the temperature changes it causes.

There is evidence that infrasound has a range of effects on humans not shared by other types of sound, including enhancement of emotional responses: when a concert of modern classical music was accompanied by infrasound, there were far more people who hated the music, and far more who loved it, than at a concert of the same music with no infrasonic accompaniment. Other experiments have shown that drivers exposed to infrasound can get very tired very quickly, and it has even been suggested as a cause of supposed hauntings, partly through direct emotional effects and partly through vibration of the eyeball, giving rise to visual disturbances.

Infrasound has proved to be a reliable means of detecting bolides, which are meteoroids that explode in flight. Since they travel supersonically through the atmosphere, they generate infrasound-rich sonic booms as they fall. More infrasound is generated when the bolides explode. All these airborne infrasounds generate solid-borne versions when they reach the Earth, and surface waves are made when the bolide fragments crash to Earth. The frequencies, timing, and amplitudes of all these sounds can be combined to give a detailed analysis of the path, motion, and energy of the bolide.

However, infrasound is usually of more consequence to us when it travels through the Earth—and ultrasound really comes into its own underwater. It is to these media that we turn in Chapter 7.

Chapter 7
Sound underwater and underground

Second sight

If our world had always been blanketed in fog, we would probably make little use of sight, and rely on our ears instead. If the fog proved opaque to radio waves, our telecommunication systems would no doubt have taken an acoustic turn, too. The ocean is a world of just this kind: visibility is poor due to the many suspended particles in the water, radio waves quickly die. And the water is full of sound: fish, marine mammals, human divers, submarines, and underwater robots all use it for subtle and complex forms of sensation, communication, and sometimes attack.

All this would be news to a scientist living only a century ago. It's true that Leonardo da Vinci pointed out around 1490 that 'If you cause your ship to stop, and place the head of a long tube in the water, and place the other extremity to your ear, you will hear ships at a great distance from you', but no one took much notice of him.

It was not until World War I that listening to the underwater sounds of vessels was attempted, and not until World War II that the richness of the underwater soundscape became clear. This happened partly through two bizarre events. In 1942, acoustic buoys in Chesapeake Bay, which had been deployed to detect German submarines, all alerted at once. A flotilla of destroyers enthusiastically depth-charged the area—but no tell-tale oil slicks appeared and the only victims were thousands of fish. Later that same year, all along the western coasts of the US, every acoustic mine (set to protect ports from anything with a propeller, in fear of a Japanese invasion) detonated at once—and again, the sole result was a multitude of dead marine life.

If the US military had known a little more about a fish called the croaker, much embarrassment and many dead fish could have been avoided. For all its undistinguished appearance, this small brownish creature has a very loud voice indeed—something like a magnified woodpecker—and croaker colonies give voice every dawn, all together, much like birds.

Noisy fish were an almost complete surprise to biologists. There was a hitherto unquestioned belief that the depths were as silent as they were proverbially said to be. In fact, while the oceans had been routinely exploited for coastal and international travel and as a source of food, what lay beneath the surface was largely unknown and apparently rarely even speculated upon, beyond wild tales of sea monsters and legends of sunken cities. The dark underwater world seems to have been regarded as wholly alien and no place for people—even sailors regarded the depths as forbidden territory and most of them did not even learn to swim. While artists and writers—and psychologists too—often viewed the sea as the wild domain of raw nature, their attention was confined to its rough surface alone. Beneath that surface was a negative region, assumed to be as devoid of sound as it was of light.

However, from the early 1940s, listening with hydrophones (underwater microphones) revealed just how noisy the 'silent deep' really is, with a cacophony of sounds extending well above and below the human frequency range, from a vast multitude of sources, most then unidentifiable. The loudest source in some areas turned out to be colonies of snapping shrimp. In fact, the upper layer of the sea is never quiet, with a background generated by breaking waves, rain, and lightning as well as by marine life. In shallow areas, swirling sediment is an additional, omnipresent source of sound.

Hearing underwater

There are two reasons for the apparent silence of the sea: one physical, the other biological. The physical one is the impedance mismatch between air and water, in consequence of which the surface acts as an acoustic mirror, reflecting back almost all sound from below, so that land-dwellers hear no more than the breaking of the waves.

Submerge your head, and the biological reason manifests itself: underwater, the eardrum has water on one side and air on the other, and so impedance mismatching once more prevents most sound from entering. If we had no eardrums (nor air-filled middle ears) we would probably hear very well underwater.

Underwater animals don't need such complicated ears as ours: since the water around them is a similar density to their flesh, sound enters and passes through their whole bodies easily, without the need of pinnae to coax it in, nor of drums or windows to transfer it from one medium to another. Fish do have ear bones, called otoliths. They are made of calcium carbonate, the high density of which provides a sufficient impedance difference to allow vibration by sound waves. This motion is transferred to stereocilia growing on hair cells, which, like ours, send nerve signals to the brain. Other patches of hair cells, called neuromats, are distributed on the skins of fish.

Two other structures augment the hearing of some fish. The first, the swim bladder, is an air-filled sac which functions like the ballast tanks of a submarine, changing the buoyancy of its owner as required, so that the fish can sink or rise without muscular effort. The swim bladder vibrates readily to sound waves, and functions as a fairly sensitive hearing organ up to about 3 kHz. It has, however, a great disadvantage: being a single, symmetrical organ, the swim bladder provides no information about the direction from which sounds arrive.

It is supplemented by a second structure: the lateral line, a fluid-filled tube that runs along the sides of the fish and functions as a direction-sensitive sound detector at low frequencies (~160 Hz to 200 Hz). Unlike the stereocilia in our ears, which wobble when sound waves induce vibrations in the basilar membrane to which they are attached, lateral line stereocilia are pushed and pulled directly by incoming sound waves, which means that the direction of the sounds are sensed directly (and also means that fish sense the motion of water molecules, rather than the pressure changes that we do). This makes fish very hard to creep up on.

Techniques and transducers

The earliest serious technological use of sound underwater was the sounding bell system, in which underwater bells placed near ports could be detected by ships fitted with primitive hydrophones in the form of carbon microphones in waterproof casings. A watchman listened on the ship in stereo and could guide the ship to port even in poor visibility. This system was fitted to many ships in the period 1875–1930, including the *Titanic* and *Lusitania*. By 1923, there were thirty bells around the UK coast. From the 1910s, the system was gradually replaced by echo sounding, which involves making a sound underwater, timing its echo, and working out the distance from a knowledge of the velocity of underwater sound: another example of the pulse-echo technique.

From echo sounding, modern sonar (sound navigation and ranging) systems developed. In an active sonar system, short-duration sound impulses ('pings') are projected from a vessel to echo from objects in their path. As well as determining distance, changes in the frequency of the received pulses are used to calculate the relative velocity of the source (using the Doppler effect).

Passive sonar systems simply listen for underwater sounds, especially those of shipping. Automatic recognition techniques allow different types of shipping to be identified from their engine sounds or even from the humming of their electrical systems: each vessel, in fact, has its unique signature or *acoustic fingerprint*. This technique became very important in the Cold War for recognizing and tracking enemy ships and submarines. Active and passive sonar systems are sometimes deployed on buoys (*sonobuoys*), which are equipped with radio systems to report their findings.

The hydrophone is the key instrument for underwater acoustic work; almost all those in use today are piezoelectric, usually based on a synthetic ceramic called PZT (lead and titanium zirconate). Unlike microphones, hydrophones must sometimes be very large, in order to achieve directionality at low frequencies. For this reason, the sides of some submarines are almost completely plated with hydrophones. These flank arrays, as they are called, are usually made of polyvinylidene difluoride (PVDF).

The underwater equivalent of the loudspeaker is known as a projector. Projectors have a limitation that does not apply to loudspeakers: when the surface moves inwards to create the rarefaction phase of a sound wave, cavitation results if the rarefactional pressure is lower than that of the surrounding water. The bubbles scatter and absorb the sound, silencing the projector. The greater the depth, the higher the water pressure becomes, so the more sound power the projector can produce before the onset of cavitation.

For high-power applications, such as geophysical surveying for oil and gas exploration, airguns are used to produce underwater sound. In these, a small cavity is charged with compressed air and a relay releases the pressure suddenly, rapidly forming a large air bubble and an accompanying burst of sound. The pulse frequency is around 20 Hz to 200 Hz and the amplitude is very high (probably the 'loudest' man-made source in the ocean excluding large explosions). The sound travels through the seabed and reflects from the interfaces between the rock layers below. Very long (up to 10 km) arrays of hydrophones are towed near the surface to image the reflected sound, and the results are processed by computers to provide a three-dimensional map.

Though projectors are in principle just hydrophones in reverse, their physical design is often different. One of the most widely used types is the *Tonpilz* (German for 'singing mushroom') transducer, in which several piezoelectric PZT discs are sandwiched between electrodes to make a stack which is terminated by a conical or cylindrical *headmass*, the business end of the projector. Tonpilz transducers can generate frequencies in the 2 kHz to 50 kHz range.

For many underwater applications, including signalling and distance sensing, directional sounds are required. Just as in air, a sound source will be naturally directional if the sound waves it produces have smaller wavelengths than the transducer face. But because the velocity of sound is about five times greater in water than in air, the wavelength corresponding to a particular frequency is also about five times greater than its airborne equivalent, so directionality is harder to come by.

An elegant way to make a directional sound source is the parametric array. If two sound sources generate waves which differ just a little in frequency, then waves with that difference frequency will be produced, along with others whose frequency is the sum of those of the sources. The wavelength of the difference wave can be as long as required, but it maintains the directionality of its parent waves.

Parametric arrays exploit the fact that sound velocity depends on density. At high sound powers, the pressure in the compressions becomes very large, increasing density significantly and therefore briefly speeding up the sound wave; the reverse happens in the rarefactions. The effect of these velocity changes is to distort the wave from its usual sinusoidal form.

This is a common effect in high-power ultrasound, too. As Auguste Fourier showed, a non-sinusoidal wave is equivalent to a sum of component sinusoids. In the case of the parametric array, these components include the original waves, together with the sum and difference waves: the difference wave being the one of interest. Parametric arrays can also be used in air, to make audio-frequency sound more directional.

Although there is little that electromagnetic radiation does above water that sound cannot do below it, sound has one unavoidable disadvantage: its velocity in water is much lower than that of electromagnetic radiation in air, which means that scanning takes far longer. Also, when waves are used to send data, the rate of that data transmission is directly proportional to the wave frequency—and audio sound waves are around 1,000 times lower in frequency than radio waves. For this reason ultrasound is used instead, since its frequencies can match those of radio waves. Another advantage is that it is easier to produce directional beams at ultrasonic frequencies to send the signal in only the direction you want. However, a disadvantage is that absorption increases with sound frequency, so the range is limited.

Sounds worldwide

The distances over which sound can travel underwater are amazing. It is believed that before the proliferation of engine-powered vessels, Antarctic whales could be heard by their Arctic cousins. Such vast ranges are possible partly because sound waves are absorbed far less in water than in air. At 1 kHz, absorption is about

Box 11

Sound velocity in water: the most accurate (to 0.2 ms^{-1}) equation is the Leroy/Robinson formula: $c = 1402.5 + 5T - 0.0544T^2 + 0.00021T^3 + 1.33S - 0.0123ST + 0.000087ST^2 + 0.0156Z + 0.000000255Z^2 - 0.0000000000073Z^3 + 0.0000012(\Phi - 45) - 0.00000000000095TZ^3 + 0.0000003T^2Z + 0.0000143SZ$; T temperature (°C), S salinity (per cent), Z depth (metres), Φ latitude (degrees).

5 dB/km in air (at 30 per cent humidity) but only 0.06 dB/km in seawater. Also, underwater sound waves are much more confined; a noise made in mid-air spreads in all directions, but in the sea the bed and the surface limit vertical spreading.

The range of sound velocities underwater is far larger than in air, because of the enormous variations in density, which is affected by temperature, pressure, and salinity (Box 11). Levels at which sound velocity changes rapidly with temperature are called thermoclines, and they follow the same pattern in most seas: when the weather is calm, the uppermost layer of the sea is characterized by a rapid fall in temperature, and hence sound velocity, with depth. Because calm conditions are more common in summer, this is known as the seasonal thermocline. Below this is the main thermocline, where the temperature and sound velocity continue to fall with depth, independent of season. At the base of the main thermocline (the depth of which varies greatly with latitude), a steady temperature of around 4°C is reached and hardly changes at deeper levels. In this *deep isothermal layer*, pressure becomes the dominant factor in determining sound velocity—which consequently increases with depth, as shown in Figure 22.

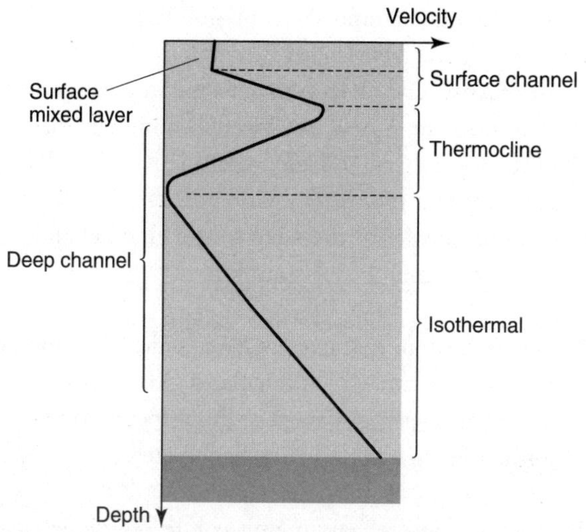

22. Underwater sound velocity profile.

So somewhere under all oceans there is a layer at which sound velocity is low, sandwiched between regions in which it is higher. By refraction, sound waves from both above and below are diverted towards the region of minimum sound velocity, and are trapped there. This is the deep sound channel, a thin spherical shell extending through the world's oceans.

Since sound waves in the deep sound channel can move only horizontally, their intensity falls in proportion only to the distance they travel, rather than to the square of the distance, as they would in air or in water at a single temperature (in other words, they spread out in circles, not spheres). Sound absorption in the deep sound channel is very low (it is strongly frequency dependent, but around 0.2 dB per km for 4 kHz waves), and sound waves in the deep channel can readily circumnavigate the Earth.

The deep sound channel was exploited to set up the SOFAR (sound fixing and ranging) system, which was initiated in 1960 by the Australia-Bermuda Sound Transmission Experiment, in which explosions were set off near Heard Island in the Indian Ocean off the coast of Australia. They were detected in Bermuda, at a distance of 20,000 km. A new, unexpected sound was discovered by the SOFAR researchers, and later identified as the calls of fin whales (*Balaenoptera physalus*), who long ago discovered the existence and properties of the deep sound channel and regularly visit it to signal their distant kin.

SOFAR opened the door to the ATOC (Acoustical Thermometry of Ocean Climate) system, which calculates global sea temperatures by measuring average sound velocity over large ranges, thus helping to quantify climate changes.

Changing weather causes changing sea conditions, which lead to a range of temporary acoustic states of the ocean, including *shadow zones* from which most sound is excluded, and temporary sound channels, which allow long-distance propagation. Sounds which travel down the latter, like those which travel around the deep sound layer, are highly distorted en route, due to the many changes of velocity on their journeys (due in turn to variations in temperature and salinity). In the 1990s, various strange sounds of unknown origin (the Bloop is perhaps the best known) led to a range of imaginative interpretations, including some literally monstrous ones. However, the most likely source is the greatly modified sounds of distant icebergs calving.

Earth sounds

Sound waves travel readily in solids (see Box 12), as do pressure waves of other kinds. But not all seismic waves are sound waves. P (for primary) waves are longitudinal: they are sequences of compressions and rarefactions whose velocity is determined by the density and elasticity of the ground, and therefore are sound waves. However, S (secondary) waves, being transverse, are not sound waves. Both P and S waves are *body waves*—they travel through the Earth, and their refraction by the layers underground provide us with information about our planet's structure. There are also a variety of surface seismic waves, but none are sound waves.

Many large animals make and hear low-frequency sounds. The sounds make by African elephants are low simply because their vocal cords are so large and hence relatively slow-moving—so much so that some of their calls are infrasonic. This is of considerable advantage to them since infrasound travels far with little attenuation (in air, very roughly, a 10 Hz signal travels one hundred times further than a 100 Hz one, and 10,000 times further than one at 1,000 Hz).

Underground, attenuation is highly variable, but usually much lower than in air: female elephants use infrasounds to attract males (over 3 km away by air or over 10 km underground) and to contact their young. Elephants also use infrasound to detect thunderstorms (a useful water source) over 500 km away. In 2004, Sri Lankan elephants fled the coast, probably because they detected the infrasounds of the oncoming tsunami. Elephants generate their signals either by making rumbling sounds or by stamping their feet, which also detect ground-borne sound using vibration receptors called Pacinian corpuscles.

As far as humans are concerned, the use of underground sound goes back at least to 132 CE, when the first seismic detector was made in China. It was a brass vessel with a ring of metal frogs attached, each holding a metal sphere in its mouth. The presence

Box 12

Attenuation of sound in gas or liquid media is described by Stokes' Law: $\alpha = 2\eta f^2 / 3\rho v^3$; amplitude α, dynamic viscosity η (nu), frequency f, density ρ (rho), velocity of sound v.

and bearing of an earthquake was indicated by the fall of the sphere(s) in its direction.

Underground sound has been a source of fear and wonder since ancient times, reactions that evolution may have hardwired into our brains, from the experiences of our ancestors that such sounds accompany avalanches, volcanic eruptions, earthquakes, and other overwhelming natural disasters. The fact that they can be felt as well as heard adds to their impact: to feel the solid earth shift and tremble beneath one's feet is an unnerving experience. No wonder that the dark world of the underground was regarded in many cultures as the abode of the dead.

Despite its unwholesome reputation however, underground sound has long been used in war: during classical times, tunnelling enemies were sometimes detected by the sounds they made through the earth, and there is even a record of shields being clashed on to the ground and the presence of tunnels below being judged by the sounds heard. In World War I, detections from different points along trench walls allowed the locations of enemy troops in their own trenches to be estimated, by triangulation. In World War II, the Polish resistance spent significant periods underground, listening for and tracking German soldiers overhead—who were meanwhile tracking them by the same means.

Underground sound detectors are called geophones. Until the late 20th century, geophones worked on the same principle as dynamic microphones (Chapter 5): a magnet was set in motion by ground waves and induced electrical signals in a wire coiled around it. Today, MEMS are used instead: a microscopic piece of silicon is mounted in a delicate holder and vibrations due to underground sound cause it to start to move. A feedback system halts this motion and the force it applies to do so provides precise information about the sound. However, MEMS devices are relatively insensitive and are used mainly for monitoring actively seismic regions. All practical geophones are highly directional and are usually deployed to respond to sounds coming directly from below.

Prospecting

One well-established use of underground sound is prospecting. Usually an explosive charge is set off underground (there is no underground equivalent to the loudspeaker), and the waves it makes reflect off the interfaces between layers of different materials and are detected by an array of geophones.

The measurement and localization of strain-produced ultrasounds in solids, known as acoustic emission, is used to detect the onset of fractures in all sorts of structures, from planes in flight to the London Eye. This is known as structural health monitoring. Alerts can be triggered at the instant that even an invisibly small crack begins to form. Acoustic emission is also used to study the formation of cracks during welding processes, to detect the onset of lesions in pipes that carry high-pressure fluids and to determine the amount of corrosion inside reinforced concrete.

Underground nuclear tests, difficult to identify by other means, generate distinct sounds which are mostly infrasonic. The CTBTO (Comprehensive Nuclear-Test-Ban Treaty Organization) constantly monitors the Earth using geophones (together with hydrophones in the deep sound channel to detect underwater sounds originating from the sub-ocean rocks). This network of underground and underwater detectors allows the CTBTO to police international test ban treaties, and to determine the locations of any tests that do take place.

This chapter has focussed on those areas of sound that we can't hear, even though many scientists wish we could—in Chapter 8 we turn to sounds that we cannot help hearing, even though we'd rather not.

Chapter 8
Sound out of place

The nature of noise

What is noise? This is one of those questions like 'What is time?', to which one might answer: 'I know exactly what it is until someone asks me'. But it's worse than that, for 'noise' means two quite different things. For a scientist, noise is extraneous acoustic or electromagnetic energy. When used for communication, noise is whatever is *not* the signal, in other words does not carry information (whether the information is a voice down a wire, or a structural element in an ultrasonically scanned foetus). The larger the amount of noise, the more difficult it becomes to unweave the signal from it—hence the concept of signal to noise ratio.

Once such noise has been identified, it can be fairly easy to remove. Noise in a circuit that occurs at particular frequencies (a 50 Hz hum from a mains electricity supply, for example) can often be dealt with by filters, so that only frequencies of interest remain. Unfortunately, in electronics, a very common form of noise is white noise, a signal that fills all frequencies of interest and sounds like a hiss when heard through a loudspeaker. This cannot be filtered out so easily, but one may instead filter all but the frequency bands that carry the signal; there will still be white noise in those bands, but the overall signal to noise ratio will improve.

For most of us most of the time though, 'noise' is *any* sound which is unwanted by the person who is exposed to it. A trumpeter may be very pleased with his output and certainly not think of it as noise, but a neighbour might well disagree, however technically excellent it may be. And both are right—one person's music is another's noise. This disagreement goes to the very heart of why noise is so difficult to quash. But fortunately, while almost every sound has at least a few people who love it, and there are those to whom almost anything but silence is anathema, it is also true that sounds which many of us think of as noise do tend to share three characteristics: suddenness, loudness, and tunelessness. To find out why this is so, we need to consider why we can hear anything at all.

Ancestral legacies

We hear because our ancestors did, and they heard because their deaf relatives died. Among the many sounds with which they would have been surrounded, a few were matters of life and death. A sudden roar, the twang of a bow string, the snap of twigs underfoot, the crack of thunder overhead were all danger signs, and what they have in common is suddenness—hence today our instant reactions to sudden noise. Sudden silence, like the hush of bird song when a predator is sighted, meant as much as sudden sound and hence causes the familiar deafening silence when a clock stops ticking, an air conditioner switches off, or persistent rain suddenly ceases. In fact, *any* unexpected change to the sounds around us can be an annoying noise: every driver knows the irritation and concern caused by a new and unidentifiable engine noise, which an unsympathetic passenger may not be able to pick out at all, however well the driver imitates it.

But why are we annoyed by those sounds which seem unrelated to any ancestral sound that might signal danger? People talking in the street outside at midnight? MP3 players you can just hear across a train carriage?

The answer lies in a key social function of sound: to demonstrate power, in particular by claiming ownership of space. We are used to the idea that each of us has a personal bubble of space that we carry round, to which the uninvited are unwelcome. Someone who invades that space with their sounds can be as annoying as someone intruding into it physically, and the main point in both examples is intent. How much more annoying is the person sitting next to you if they phone someone to talk nonsense than if they receive a call of real concern?

Whether another person is regarded as noisy or not depends too on the relationship between them and the listener. Historians Shane and Graham White, for instance, in their studies of slavery in the US, found that the sermons of African American evangelist preachers, while appreciated by congregations, were referred to simply as noisy by white American Christians who were concerned because the sounds, and perhaps their messages too, spread far beyond the confines of their venues. Cultural norms are important too: acceptable sound levels in libraries, during mealtimes, and at funerals vary greatly in different countries.

The sea of other people's noise in which one is often submerged on public transport, in public spaces, or open-plan offices can be a disturbing environment. The individual sounds can be neither identified nor located, but the hearing system constantly tries to do both, making them as hard to ignore as to escape. Even when one does manage to ignore such sounds on a conscious level, the mental processing continues, as does the stress that sometimes results—and the high blood pressure that this stress can cause.

Often, the only way to reclaim one's private sound bubble is to fill it with a sound field of one's own making, by use of an MP3 player or smartphone. According to Michael Bull, Professor of Media and Film at the University of Sussex (UK): 'iPod use can usefully be interpreted as a form of pleasurable toxicity within which the "total mediated" world of users lies a dream of unmediated experience—of direct access to the world and one's emotions'.

There are some sounds which cannot be ignored, even though they do not really exist. These so-called *earworms* are usually brief snatches of music, often banal ones, which insist on repeating themselves in the mind. Advertising jingles are especially good at worming their way in. Though so widespread and seemingly simple, earworms are actually very hard to explain. Neurologist Oliver Sacks suggests that the unusual way music is remembered may be significant. Recalling a scene or event involves reconstructing it, which in turn means that the result may be very different in different 'replays'. In recalling a piece of music, however, something much closer to a direct copy of the original is preserved, an 'almost defenceless engraving of music on the brain', as Sacks puts it, over which we have relatively little control. Perhaps the fact that tunes, and hence this 'engraving' process, arrived so late in the evolution of the mind is a reason why such memories are hard to control.

Music can have even more profound effects on the mind—in some people it can cause epileptic seizures, while in others it can have a significantly calming effect, and can even alleviate pain and high blood pressure. It can be especially effective in the treatment of some mental problems, and has been used in this way since World War II. Music has also been shown to be of great relief to some who suffer from Parkinson's disease.

Deafening

The problem—indeed the tragedy—of noise-induced hearing loss is that it may not happen until years after the damage has been done. Also, while we react immediately to dangerously high temperatures or intense light, our defensive reactions to noise are far poorer.

Our eyes are equipped with a range of protective adaptations, most obviously eye lids and the contracting pupil (or expanding iris). Why does the ear have neither? The reason for the lack of ear lids is that while deafness may shorten an animal's life, it won't shorten it anything like as much as being successfully crept up on by a hungry tiger. And we do have an equivalent to the pupil, though it's not particularly effective: the acoustic reflex is provided by two muscles in each ear called the stapedius and the tensor tympani. When a loud sound arrives, the stapedius pulls the ossicle called the stapes ('stirrup', named from its shape) away from the oval window, while the tensor tympani pulls on the malleus (hammer) ossicle, which is attached to the eardrum and hence stiffens the latter. As a result, sounds are muffled. The stapedius usually tenses when we speak, to stop us annoying ourselves with our own voices; the tensor tympanum does the same job when we eat, to suppress our own chewing noises.

The acoustic reflex is one cause of temporary threshold shift (TTS), in which sounds which are usually quiet become inaudible. Unfortunately, the time the reflex takes to work (called its latency) is usually around 45 milliseconds, which is far longer than it takes an *impulse sound*, like a gunshot or explosion, to do considerable damage. The reflex is only one contributor to TTS; the other mechanisms are still unknown.

Where the overburdened ear differs from other abused measuring instruments (biological and technological) is that it is not only the SPL of noise that matters: energy counts too. A noise at a level which would cause no more than irritation if listened to for a second can lead to significant hearing loss if it continues for an hour. The amount of TTS is proportional to the logarithm of the time for which the noise has been present—that is, doubling the exposure time more than doubles the amount.

However, very loud impulse sounds, like gunshots, will also cause instant damage, even if the total energy is low. (Reputedly, a trained audiologist can identify the permanent damage caused by a single shot fired by a patient with no ear protection.) Recovery times increase with the amount of shift; a TTS of 40 dB can take weeks to recover from. The amount of TTS reduces considerably if there is a pause in the noise, so if exposure to noise for long periods is unavoidable (at a football match, say), there is very significant benefit in removing oneself from the noisy area, if only for fifteen minutes.

It is on the evidence of many careful experiments on the effects of noise on hearing that noise regulations, now statutory in workplaces and elsewhere in many countries, have been defined. They place limits both on peak noise levels and durations of exposure to specified lower levels.

One problem with identifying how many people have noise-induced hearing loss is that everyone's ability to hear high-frequency sounds declines with age: newborn, we can hear up to 20 kHz, by the age of about forty this has fallen to around 16 kHz, and to 10 kHz by age sixty. Aged eighty, most of us are deaf to sounds above 8 kHz. The effect is called presbyacusis (literally 'old man hearing'). Since noise-induced hearing loss usually also impacts higher frequencies and, being cumulative, becomes more common with age, we don't really know how much loss is avoidable.

If there has been a downside to the often laudable progress made in tackling dangerously high levels of noise, it has been the relative neglect of noise which is 'only' loud enough to annoy people, despite their vast numbers: the 2008 Ipsos MORI (UK) *National Noise Survey* found that 26 per cent of respondents were annoyed by neighbour noise, for example. Those affected lose sleep, they lose concentration, they lose patience—they lose the joy from their lives (39 per cent said their quality of life was adversely affected). Such noise also exacerbates mental health problems, community tensions, and social isolation.

There are few who would deny that the best approach would be to remove noise from the environment in the first place. How this can be done, and how effectively, depends crucially on the source. To most inhabitants of the developed world and many elsewhere, the following sources are likely to be the main ones:

- Air traffic
- Industrial
- Neighbour
- Neighbourhood
- Rail
- Road traffic

In addition, shipping noise and wind-farm noise affect some areas significantly, while most areas are blighted by construction noise from time to time.

Of these groups, neighbour and neighbourhood noise are particularly difficult to deal with, partly because the maker does not class them as noise but the listener does. This difficulty has led sound historian Karin Bijsterveld to conclude that noise abatement is in the grip of a 'paradox of control', in which the promises of experts and politicians to control noise actually amount to passing the buck to neighbours to do so, or developing such complex formulae for limiting other forms of noise, such as that from aircraft, that few can understand, engage with, or critique them.

Fighting back

With the exception of some neighbour noise and some warning signals, no one would be likely to complain if noise were to be eliminated. Can this be done?

In those (unfortunately rare) cases in which noise is highly regular, consists of one or few frequencies, and is bothersome only in a small and well-defined location, active noise cancellation (ANC) can be highly effective. ANC relies on the fact that sound waves consist of compressions followed by rarefactions. On a pressure plot such as Figure 1, this is clear from the fact that the line goes first above and then below the midpoint. If a second sound wave were superimposed on the first such that at every point at which there is a compression in the original wave there was an equally intense rarefaction in the new one, perfect silence would result, the acoustic energy being converted entirely to heat. However, in practice this can only be achieved over very limited areas, such as plane cockpits, the driver's head area of some cars and—perhaps most usefully—the space inside ear defenders (Figure 23).

Many highly effective technological solutions to noise have been developed. The problem is that all of them have been applied already. Today's vehicles are extremely quiet compared to their

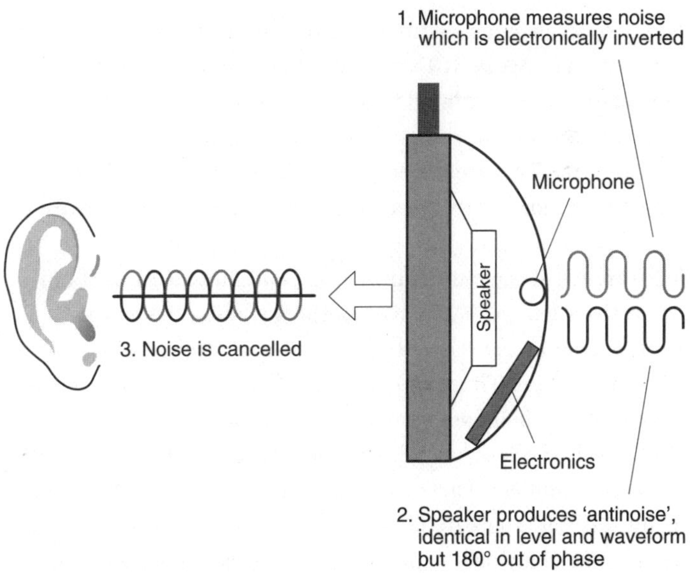

23. Active noise cancellation.

mechanical powers, far quieter than their much feebler ancestors ever were, but this fact is overwhelmed by the vastly greater number of them in use today. But it is still worth looking at how today's machines are kept so quiet, since the same principles will almost certainly be applicable in future, especially as new materials become available.

The first principle of noise control is to identify the source and remove it. For perhaps the single most important noise source today, the internal combustion engine (ICE), this is impossible: the noise is made by the explosions within, which are intrinsically noisy. However, as explained in Chapter 3, our hearing systems do not measure the total energy of a sound—they are tuned to respond most strongly to frequencies around 4 kHz, and it is usually possible to shift the output frequency of ICEs to below this. The main means are the adjustment of the timing and the rate of fuel injection, to modify the combustion of the fuel so that such high-frequency components are reduced.

Having dealt as far as possible with the noise source, the next step is to contain it. Again, ICEs are challenging since they have to be connected to the air around them, to draw in oxygen and expel exhaust gases, and air paths are noise routes. To reduce noise emissions, mufflers are the answer. (A silencer is really the same thing, but is more often so-called when used to quieten firearms.)

There are two basic muffler principles, and most ICEs use both. Absorptive silencing is achieved simply by lining the pipe with absorber so that any waves that do not travel straight down are converted to heat. Those which do travel straight down are also reduced, since their edges are retarded by the duct lining. But this effect is only slight at low frequencies, which are better dealt with by reactive mufflers. These contain Helmholtz resonators tuned to the most troublesome frequencies. Sounds at these frequencies are thus enhanced inside the muffler, allowing their energies to be absorbed there. A few mufflers also use ANC.

Over the next few decades, it seems likely that ICEs will largely give way to electric versions. There is no technical reason why these should not be almost silent, but a vehicle which approaches silently could be deadly, so all will be provided with specially generated running and warning sounds (which might also be of value for bicycles—especially those with no bells). There is no reason for these to be unpleasant, however—even an alarm need not be alarming. To attract attention, 'shushing' sounds can do the same job with less annoyance.

Jet engines, on the other hand, are probably here to stay for the foreseeable future. In their case, the source of the noise is not the burning gases themselves, but what happens when they emerge from the engine at high speed and mix with the relatively slow-moving air outside the plane. The turbulence this causes is the source of almost all the noise. Enormous efforts have been made to smooth the mixing, mainly by increasing the circumference of the jet by corrugating it and by cocooning the exhaust jet in air of intermediate speed. No more can be done in these directions without an excessive loss of thrust, but other approaches have been considered. One idea that has met with modest success is to mount engines above the wings. Another is a strategic change, such as the use of airships for the transport of goods where transit times are not an issue.

All but the slowest or most antiquated moving vehicles are now streamlined, which avoids the turbulences that would produce noise as well as increasing efficiency. Streamlining is achieved partly by designing the vehicle with a suitable shape so that the airstream slips past it without the sudden change of direction or speed that would result in turbulence, and partly by smooth surfacing. Nonetheless, as far as car drivers are concerned, the aerodynamic noise which streamlining is intended to deal with is still the most significant at cruising and higher speeds. The principal sources are usually the wing mirrors and the A pillars (the ones which hold the sides of the windscreen in place).

For those on the pavement, the loudest noise is frequently made by the tyres, especially on concrete roads. Low-noise surfaces can do a great deal to reduce this. The best available are layers of asphalt with many air-filled pores (about 25 per cent of volume), but such surfaces are costly and not very robust. A less effective, but more durable and cheaper alternative, is the use of thin (~2 cm) asphalt layers.

Time was when the design of machines did not consider quietness at all, and noise management was applied only as a sticking plaster afterwards or as unreliable rules of thumb (like stretching a few strings under concert hall floors or furnishing theatre stages with vases). Now, machines are usually well designed and carefully engineered to be at least fairly quiet—though regular maintenance of industrial machinery and careful installation of domestic appliances are essential.

When noise can be neither avoided not contained, the next step is to keep its sources well separated from potential sufferers. One approach, used for thousands of years, is zoning: legislating for the restriction of noisy activities to particular areas, such as industrial zones, which are distant from residential districts. The first recorded example dates from around 700 BCE, when tinsmiths, blacksmiths, carpenters, potters, and even roosters were banned from the city centre of Sybaris, a Greek colony on the Aegean coast.

Where zone separation by distance is impracticable due to historical or geographical considerations, sound barriers are the main solution: a barrier that just cuts off the sight of a noise source will reduce the noise level by about 5 dB, and each additional metre will provide about an extra 1.5 dB reduction. Also, the barrier must be massive enough to prevent much sound passing straight through it; about 10 kg under each square metre is usually sufficient. Since barriers largely reflect rather than absorb, reflected sounds need consideration, but otherwise design and construction are simple, results are predictable, and costs are relatively low.

Temporary flexible versions of noise barriers, known as acoustic fencing, can be placed around construction sites and, if carefully positioned and arranged to avoid leaving gaps, can be very effective, reducing noise levels by up to 30 dB in some cases. Unlike permanent noise barriers, acoustic fencing achieves noise reduction primarily by absorption.

The big problem with noise barriers is their unattractiveness to the eye. This can be offset by introducing a screen of vegetation between barrier and observer. If space permits at least 10 metres of vegetation, the plants will help reduce the noise somewhat too. At low frequencies (around 25 Hz), this is mostly due to the extra ground absorption caused by fallen leaves, and at high frequencies (above ~1 kHz) it is caused by foliage. It is best if the leaves are half as long as the sound waves, so, for both these reasons, some deciduous content is essential, (a mix of trees and bushes) reaching as high as possible (up to about 10 metres, after which reflection from large branches reduces the effect). On windy days, the sound of such vegetation is another bonus, as a distraction from the noise.

The addition of natural sound sources (soundscaping) is especially effective in urban parks. In such spaces the commonest way to improve a soundscape is by adding fountains, but birdsong (real or recorded) can work well too.

Quietening homes

Of all spaces, the most precious is home, because we relax and sleep there, and because it is an extension of our personal space. Keeping noise out is, therefore, a high priority: the best way to do this is through good acoustic design, including selection of the right materials, and, crucially, their proper installation and maintenance. This is much cheaper, more aesthetically pleasing, and more successful that retrofitting noise solutions into a pre-existing dwelling.

Whether retrofitted or not, the basic approaches to home sound reduction are simple: stop noise entering, destroy what does get in, and don't add more to it yourself. There are three ways for sound to enter: via openings; by structure-borne vibration; and through walls, windows, doors, ceilings, and floors acting as diaphragms. In all three cases, the main point to bear in mind is that an acoustic shell is only as good as its weakest part: just as even a small hole in an otherwise watertight ship's hull renders the rest useless, so does a single open window in a double-glazed house. In fact, the situation with noise is much worse than with water due to the logarithmic response of our ears: if we seal one of two identical holes in a boat we will halve the inflow. If we close one of two identical windows into a house, the inflow will again half—but that 50 per cent reduction in acoustic intensity is only about a 2 per cent reduction in loudness.

The second way to keep noise out is double glazing, since single-glazed windows make excellent diaphragms. Structure-borne sound is a much greater challenge, though if the source is within the dwelling, the room which it (or (s)he) occupies, can be treated. But this will not be cheap and will usually require treatment of the ceiling as well as all walls, the floor, and the door.

One inexpensive, adaptable, and effective solution—though maybe not the most attractive—is the hanging of heavy velour drapes, with as many folds as possible. If something more drastic is required, it is vital to involve an expert: while an obvious solution is to thicken walls, it's important to bear in mind that doubling thickness reduces transmission loss by only 6 dB (a sound power reduction of about three-quarters, but a loudness reduction of only about 40 per cent). This means that solid walls need to be very thick to work well.

A far better approach is the use of porous absorbers and of multi-layer constructions. In a porous absorber like glass fibre, higher-frequency sound waves are lost through multiple reflections from the many internal surfaces. Using stud-mounted panels with air gaps between them and the wall will deal with lower frequencies, through reflection of lower frequency waves at the air/solid interface (yet another example of an impedance mismatch). A well-fitted acoustically insulated door is also vital.

The floor should not be neglected: even if there are no rooms beneath, hard floors are excellent both at generating noise when walked on and in transmitting that noise throughout the building. Carpet and underlay are highly effective at high frequencies but are almost useless at lower ones, so if you have floor-mounted loudspeakers or an extrovert baritone in the home, something special will be required, and again there is no real alternative to bringing in an expert.

Though rarely a problem in the home, the most significant issue in the design of public spaces is reverberation. Surprisingly, though it has been a bugbear for architects, performers, and audiences alike for millennia, no way to quantify it was developed until 1898, when Wallace Clement Sabine defined the reverberation time of a room as the period necessary for the intensity of the sound to decline to one millionth (–60 dB) of its initial level (Box 13). Even more usefully, Sabine derived an empirically based equation that allowed this time to be calculated from the size and shape of a room—so architects could predict it at last.

Box 13

Sabine's equation: $T = 0.161\ (V/A)$, reverberation time in seconds T, room volume V, total absorption area A. This equation is still used today except for highly absorbent rooms.

However much care, money, and expertise is spent on an individual noise problem, the results will be ineffective unless both the root cause and the context of that problem are investigated first: it may be pointless to replace standard doors with acoustic ones if the actual problem is that they are routinely left open, and there is little point in reducing the speed limit on a trunk road if the effect is to send traffic down residential streets. Such holistic approaches to noise reduction extend beyond acoustic treatments: the benefits of fitting sound absorbing panels must be balanced against their visual impact, the introduction of artificial sounds to distract park users from traffic noise may annoy more people than it pleases, and moving people from open-plan offices to quieter cellular ones may reduce team working. Similarly, while well-built houses can keep noise out, this necessarily involves keeping the inhabitants in, cutting off the sounds of nature too, and leading to alienation. As David Hendy puts it: 'whenever we withdraw into separate soundscapes…we make strangers of each other'.

The wider view

Despite the great importance to us of our hearing systems, their performance is not usually a matter of life and death. This is not the case for some underwater species. The prime importance of sound to many marine animals, combined with the efficiency with which sounds travel underwater, means that some marine creatures are devastated by the effects of noise, in particular whales and dolphins. The scale of the effects is unclear but some are subtle: since whales communicate with their calves by sound signals, the mother/child link can easily be broken by extraneous sounds and the calf separated. In other cases, the startle effect of unfamiliar loud sounds on whales and dolphins can be so extreme that rapid surfacing occurs, leading to death from the formation of nitrogen gas bubbles in the liver and other organs (the condition divers describe as 'the bends').

There are many contributors to underwater noise pollution. As well as the sounds of shipping, sonar systems, blasting, and signalling all add their load. Fortunately, there is now widespread recognition of the effects on animals; more in fact than on divers, who routinely risk severe hearing damage (although, as the effects are often the same as those of pressure changes in the ear, the scale of the problem is hard to establish).

The interdisciplinary and public nature of attempts to battle noise, both on land and underwater, make collaboration at all levels vital, and cannot succeed without the active support of international organizations such as the World Health Organization, national governments, local authorities, specialist organizations like the UK Noise Abatement Society, and the public. One activity which should bring all these players together is noise action and awareness weeks.

As technologies have evolved, cities have grown, and vehicular travel has increased, noise sources have proliferated and noise is now a fact of life for many, whether made deliberately and selfishly via loudspeakers or unavoidably and carelessly through engines and other hardware. Although there is much that science can do to help, it must be accompanied by both education and legislation which ensures that noise is universally regarded as the pollutant that it is.

Ultimately, noise-making must become unacceptable, rather than just annoying. While this may seem impractical, exactly such a change has taken place in the UK regarding smoking—and this took only a few years. The change came about through a combination of new laws implemented through both national and local government, and a loud and clear message that smoking causes serious illness. Given the same approach to noise, just as radical a change might be accomplished.

* * *

Of all disciplines, sound has by far the widest variety of interested parties. Understanding it enhances the work of actors, advertisers, aerospace engineers, automotive engineers, anthropologists, architects, artists, broadcasters, builders, communication engineers, composers, designers, ecologists, educators, electronic engineers, environmental health officers, film-makers, historians, marine biologists, musicians, physicians, physicists, politicians, prospectors, psychologists, seismologists, sociologists, town planners, zoologists, and many others.

Hitherto, many of these domains have been separate, but over the past few decades approaches like those of soundscaping, sound studies, and the design of ever more intimate and personalized media systems have started to bring together expertise from across these fields. Such collaborations are often hampered by the narrow training offered to most practitioners, but meanwhile they are making people more aware of the vast range and power of the subject—of the multitude of practical and emotional benefits a knowledge of sound can lead to, and of the many new applications and insights the bringing together of its many branches may yield. Such developments are to the benefit of everyone. For all of us, the future sounds good.

References

Chapter 1: Past sounds

Details of the sound of the early universe may be found here: <http://www.astro.virginia.edu/~dmw8f/BBA_web/index_frames.html>; the history of acoustics is detailed in Dayton Clarence Miller, *Anecdotal History of the Science of Sound to the Beginning of the 20th Century* (Macmillan, 1935) and Robert T. Beyer, *Sounds of Our Times: Two Hundred Years of Acoustics* (Springer, 1999).

Further historical material is in: David Hendy, *Noise: A Human History of Sound and Listening* (Profile Books, 2014). The acoustics of Epidaurus are explained at: <http://www.nature.com/news/2007/070319/full/news070319-16.html>. The most recent edition of R. Murray Schafer's classic book on soundscapes is *Soundscape: Our Sonic Environment and the Tuning of the World* (Destiny Books, 1994). The Attali material is from Mark M. Smith (ed.) *Hearing History: A Reader* (University of Georgia Press, 2004). Alain Corbin's classic work (translated by Martin Thom), is *Village Bells: The Culture of the Senses in the Nineteenth-Century French Countryside* (Columbia University Press, 1998).

'simultaneously a physical environment and a way of perceiving that environment', Emily Thompson, *The Soundscape of Modernity: Architectural Acoustics and the Culture of Listening in America, 1900–1933* (MIT Press, 2002), p. 1.

Chapter 2: The nature of sound

Most of the material here may be found in Thomas D. Rossing, Richard F. Moore, and Paul A. Wheeler, *The Science of Sound* (Addison Wesley, 2001) and Daniel R. Raichel, *The Science and Applications of Acoustics* (Springer, 2006). Most cultural references are from Jonathan Sterne, *The Sound Studies Reader* (Routledge, 2012).

Chapter 3: Sounds in harmony

Material from this chapter is from Neville H. Fletcher and Thomas D. Rossing, *The Physics of Musical Instruments* (Springer, 2008), Daniel J. Levitin, *This is Your Brain on Music: Understanding a Human Obsession* (Atlantic Books, 2008), John Powell, *How Music Works: A Listener's Guide to Harmony, Keys, Broken Chords, Perfect Pitch and the Secrets of a Good Tune* (Particular Books, 2010), and Eric Taylor, *The AB Guide to Music Theory* (Oxford University Press, 2013).

Chapter 4: Hearing sound

Information in this chapter is largely from David Howard and Jamie Angus, *Acoustics and Psychoacoustics* (Focal Press, 2000), Lawrence J. Raphael, Gloria J. Borden, and Katherine S. Harris, *Speech Science Primer* (Lippincot Williams & Wilkins, 2003), William Yost, *Fundamentals of Hearing: An Introduction* (BRILL, 2013), and H. Zwicker and H. Fastl, *Psychoacoustics: Facts and Models* (Springer, 2006). The Barthes material is from Bruce R. Smith's *The Acoustic World of Early Modern England: Attending to the O-Factor* (University of Chicago Press, 2nd edition, 1999).

'My feeling is that an entire culture…', Brandon LaBelle, *Acoustic Territories: Sound Culture and Everyday Life* (Continuum, 2010), p. xvi.

'the rich undulations of auditory material…', LaBelle, *Acoustic Territories*, p. xxi.

'Sound creates a relational geography…', LaBelle, *Acoustic Territories*, p. xxv.

The statistics on worldwide hearing loss are from the World Health Organization's 'Deafness and Hearing Loss' fact sheet (number 300), Updated March 2015. It can be found at <http://www.who.int/mediacentre/factsheets/fs300/en/>.

Chapter 5: Electronic sound

Technological details are to be found in Glen Ballou, *Electroacoustic Devices: Microphones and Loudspeakers* (Focal Press, 2009), F. Alton Everest and Ken C. Pohlmann, *Master Handbook of Acoustics* (Tab Electronics, 2009). This book, and Bruce and Marty Fries, *Digital Audio Essentials* (O'Reilly Media, 2005), also give practical guidance, while historical material is from Greg Milner, *Perfecting Sound Forever: The Story of Recorded Music* (Granta, 2010) and Roland Gelatt, *The Fabulous Phonograph, 1877–1977* (Cassell, 2nd edition, 1977).

Material on the effects of recordings on performance are from Robert Philip, *Performing Music in the Age of Recording* (Yale University Press, 2004) and Mark Katz, *Capturing Sound: How Technology Has Changed Music* (California University Press, 2010).

'the MP3 carries within it practical and philosophical understandings…', Jonathan Sterne, *MP3: The Meaning of a Format (Sign, Storage, Transmission)* (Duke University Press, 2012), p. 2.

Chapter 6: Ultrasound and infrasound

Material from this chapter is from Vivien Gibbs, *Ultrasound Physics and Technology: How, Why and When* (Churchill Livingstone, 2009), Dale Ensminger and Leonard J. Bond, *Ultrasonics: Fundamentals, Technologies, and Applications* (CRC Press, 2011), Tim Leighton, *The Acoustic Bubble* (Academic Press, 1994), and Gillian Sales and David Pye, *Ultrasonic Communication by Animals* (Chapman & Hall, 1974). The 2015 bat study referred to in this chapter is Pavel Kounitsky et al., 'Bats Adjust their Mouth Gape to Zoom their Biosonar Field of View', *Proceedings of the National Academy of Sciences* 2015, Vol. 112, No. 21, pp. 6724–9.

Chapter 7: Sound underwater and underground

Most technological and physics material is from Xavier Lurton, *An Introduction to Underwater Acoustics: Principles and Applications* (Springer Praxis Books, 2010), M. A. Ainslie, *Principles of Sonar Performance Modelling* (Springer Praxis Publishing, 2010), and Robert J. Urick, *Principles of Underwater Sound* (Peninsula Publishing, 2013). Biological content is from W. J. Richardson,

C. R. Greene Jr, C. I. Malme, and D. H. Thomson, *Marine Mammals and Noise* (Academic Press, 1995). Historical material is from Robert T. Beyer, *Sounds of Our Times: Two Hundred Years of Acoustics* (Springer, 1999).

Chapter 8: Sound out of place

Most material is from Mike Goldsmith, *Discord: The Story of Noise* (Oxford University Press, 2012). Cultural references are from Smith and Karin Bijsterveld, *Mechanical Sound: Technology, Culture, and Public Problems of Noise in the Twentieth Century* (MIT Press, 2008).

'iPod use can usefully be interpreted...', Michael Bull, 'iPod: A Personalized Sound World for its Consumers', *Revista Comunicar*, 2010, Vol. XVII, No. 34, pp. 55–63.

Oliver Sacks' account of earworms is from his book *Musicophilia* (Picador, 2011), p. 47.

'whenever we withdraw into separate soundscapes... we make strangers of each other', James Hendy, *Noise: A Human History of Sound and Listening* (Profile, 2013), p. 331.

Further reading

Chapter 1: Past sounds

Robert T. Beyer, *Sounds of Our Times: Two Hundred Years of Acoustics* (Springer, 1999).
David Hendy, *Noise: A Human History of Sound and Listening* (Profile Books, 2014).
Mark M. Smith (ed.), *Hearing History: A Reader* (University of Georgia Press, 2004).

Chapter 2: The nature of sound

Trevor Cox, *Sonic Wonderland: A Scientific Odyssey of Sound* (The Bodley Head, 2014).
Trevor Pinch and Karin Bijsterveld, *The Oxford Handbook of Sound Studies* (Oxford University Press, 2013).
Daniel R. Raichel, *The Science and Applications of Acoustics* (Springer, 2006).
Thomas D. Rossing, Richard F. Moore, and Paul A. Wheeler, *The Science of Sound* (Addison Wesley, 2001).
Jonathan Sterne, *The Sound Studies Reader* (Routledge, 2012).

Chapter 3: Sounds in harmony

Daniel J. Levitin, *This is Your Brain on Music: Understanding a Human Obsession* (Atlantic Books, 2008).
John Powell, *How Music Works: A Listener's Guide to Harmony, Keys, Broken Chords, Perfect Pitch and the Secrets of a Good Tune* (Particular Books, 2010).

Chapter 4: Hearing sound

David Howard and Jamie Angus, *Acoustics and Psychoacoustics* (Focal Press, 2000).

William Yost, *Fundamentals of Hearing: An Introduction* (BRILL, 2013).

Chapter 5: Electronic sound

F. Alton Everest and Ken C. Pohlmann, *Master Handbook of Acoustics* (Tab Electronics, 2009).

Roland Gelatt, *The Fabulous Phonograph, 1877–1977* (Cassell, 2nd edition, 1977).

Greg Milner, *Perfecting Sound Forever: The Story of Recorded Music* (Granta, 2010).

Chapter 6: Ultrasound and infrasound

Dale Ensminger and Leonard J. Bond, *Ultrasonics: Fundamentals, Technologies, and Applications* (CRC Press, 2011).

Vivien Gibbs, *Ultrasound Physics and Technology: How, Why and When* (Churchill Livingstone, 2009).

Tim Leighton, *The Acoustic Bubble* (Academic Press, 1994).

Chapter 7: Sound underwater and underground

Xavier Lurton, *An Introduction to Underwater Acoustics: Principles and Applications* (Springer Praxis Books, 2010).

Robert J. Urick, *Principles of Underwater Sound* (Peninsula Publishing, 2013).

Chapter 8: Sound out of place

Mike Goldsmith, *Discord: The Story of Noise* (Oxford University Press, 2012).

Garrett Keizer, *The Unwanted Sound of Everything We Want* (Public Affairs, 2012).

Oliver Sacks, *Musicophilia* (Picador, 2011).

John Stewart, Francis McManus, Nigel Rodgers, Val Weedon, and Arline Bronzaft, *Why Noise Matters: A Worldwide Perspective on the Problems, Policies and Solutions* (Routledge, 2011).

Index

Page numbers in **bold** refer to figures

A

B

C

D

E

F

G

H

I

J

K

Q

R

S

T

U

V

W

X

Z